Ensaios sobre Brecht

ENSAIOS SOBRE BRECHT

WALTER BENJAMIN

tradução
Claudia Abeling

© desta edição, Boitempo, 2017
Posfácio e notas © Suhrkamp Verlag, Frankfurt am Main, 1966

Título original: *Versuche über Brecht*

Direção editorial	Ivana Jinkings
Edição	Isabella Marcatti e André Albert
Assistência editorial	Thaisa Burani e Artur Renzo
Tradução	Claudia Abeling
Preparação	Thais Rimkus
Revisão	Daniela Uemura
Coordenação de produção	Juliana Brandt
Assistência de produção	Livia Viganó
Capa	David Amiel sobre fotografia de Walter Benjamin e Bertolt Brecht em Svendborg, Dinamarca, 1934, de autor desconhecido.
Diagramação	Crayon Editorial

Equipe de apoio: Allan Jones, Ana Yumi Kajiki, Bibiana Leme, Camilla Rillo, Eduardo Marques, Elaine Ramos, Frederico Indiani, Heleni Andrade, Isabella Barboza, Ivam Oliveira, Kim Doria, Marlene Baptista, Maurício Barbosa, Renato Soares, Thaís Barros, Tulio Canditotto

CIP-BRASIL. CATALOGAÇÃO-NA-FONTE
SINDICATO NACIONAL DOS EDITORES DE LIVROS, RJ

B416e
Benjamin, Walter, 1892-1940
  Ensaios sobre Brecht / Walter Benjamin ; tradução Claudia Abeling. – 1. ed. – São Paulo : Boitempo, 2017. (Marxismo e literatura)

Tradução de: Versuche über Brecht
Inclui bibliografia
Cronologia
ISBN: 978-85-7559-566-4

1. Brecht, Bertolt, 1898-1956 - Crítica e interpretação. 2. Teatro alemão - História e crítica. I. Abeling, Claudia. II. Título. III. Série.

17-42446   CDD: 832
  CDU: 821.112.2

É vedada a reprodução de qualquer parte deste livro sem a expressa autorização da editora.

 A tradução desta obra teve o apoio do Goethe-Institut, que é financiado pelo Ministério das Relações Exteriores da Alemanha.

1ª edição: julho de 2017; 1ª reimpressão: outubro de 2024

BOITEMPO
Jinkings Editores Associados Ltda.
Rua Pereira Leite, 373
05442-000 São Paulo SP
Tel.: (11) 3875-7250 / 3875-7285
editor@boitempoeditorial.com.br
boitempoeditorial.com.br | blogdaboitempo.com.br
facebook.com/boitempo | twitter.com/editoraboitempo
youtube.com/tvboitempo | instagram.com/boitempo

Sumário

Nota à edição brasileira..7
Nota à primeira edição alemã, de 1966..9

O QUE É O TEATRO ÉPICO? UM ESTUDO SOBRE BRECHT (PRIMEIRA VERSÃO) 11
O QUE É O TEATRO ÉPICO? (SEGUNDA VERSÃO)...23
ESTUDOS PARA A TEORIA DO TEATRO ÉPICO..31
TRECHO DE "COMENTÁRIO SOBRE BRECHT" 33
UM DRAMA FAMILIAR NO TEATRO ÉPICO...39
O PAÍS EM QUE O PROLETARIADO NÃO PODE SER MENCIONADO 43
COMENTÁRIOS SOBRE POEMAS DE BRECHT...47
ROMANCE DOS TRÊS VINTÉNS, DE BRECHT..77
O AUTOR COMO PRODUTOR..85
CONVERSAS COM BRECHT – ANOTAÇÕES DE SVENDBORG................................101

Posfácio da edição alemã, *Rolf Tiedemann* 115
Aspectos da representação brechtiana, *Sérgio de Carvalho* 127
Brecht/Brasil/1997 (vinte anos depois), *José Antonio Pasta* 133
Cronologia 141
Bibliografia recomendada 147

Bertolt Brecht em 1954.

Nota à edição brasileira

Este volume traz a primeira tradução integral para o português dos escritos de Walter Benjamin sobre Bertolt Brecht. Antes, apenas alguns destes ensaios haviam sido publicados no Brasil, em coletâneas com textos diversos de Benjamin. Trata-se de um conjunto de escritos essencial para os interessados na obra brechtiana, elaborado por um de seus interlocutores mais próximos. A inclusão, nesta obra, do diário íntimo do filósofo alemão sobre os encontros com seu amigo no exílio dinamarquês deste reforça a redescoberta do Brecht para além do dramaturgo, encenador e escritor – o ator político, pensador da produção artística e intelectual, crítico dos intelectuais e agente prático da crítica ao capital.

Tomamos como base para este volume a primeira edição de *Versuche über Brecht*, de 1966, a qual compilou tanto os textos já publicados como os manuscritos até então inéditos de Benjamin que tratavam de Brecht. Optamos por publicar também o posfácio daquela edição, escrito por Rolf Tiedemann, apesar de suas eventuais críticas e questionamentos à análise do filósofo e, principalmente, à atualidade do dramaturgo. Discorde-se dele ou não, vale como um registro do contexto intelectual alemão-ocidental em que boa parte desses textos veio a público, 25 anos após a morte de Benjamin e dez após a de Brecht. Em uma Alemanha cindida, em tempos de Guerra Fria, com seu lado ocidental saturado após duas décadas de hegemonia da democracia-cristã, a figura (ainda viva) de Theodor Adorno – de quem Tiedemann era discípulo dileto – lançava sombra sobre a obra benjaminiana.

Fecham este volume dois textos originalmente publicados na edição n. 0 da revista *Vintém*, editada pela Companhia do Latão. Há exatos vinte anos, o grupo paulista – hoje provavelmente o mais empenhado na montagem e discussão das peças de Brecht – se instituía oficialmente e lançava sua própria publicação, cuja edição de estreia trazia um dossiê sobre o autor alemão. Os escritos de Sérgio de Carvalho e de José Antonio Pasta faziam uma sintética defesa da atualidade e da qualidade da obra cênica de Brecht, e mostram-se ainda hoje pertinentes. Para este livro, Pasta fez uma revisão a fim de aprofundar pontos já presentes no texto de duas décadas atrás.

Com esta publicação, lançada nos 125 anos de nascimento de Walter Benjamin, a Boitempo pretende contribuir para a redescoberta do pensamento crítico-prático de Brecht através do olhar de um dos mais importantes intelectuais do século XX.

Nota à primeira edição alemã, de 1966

A edição abrange textos de Benjamin sobre Brecht com a maior integralidade possível*. Visto que em alguns trabalhos por vezes há formulações repetidas de maneira semelhante, raramente de maneira literal, a duplicação foi acatada. Isso se torna ainda mais válido uma vez que permite observar o modo de trabalho de Benjamin, que utiliza – principalmente na obra tardia – o princípio da bricolagem, mesmo com os próprios textos.

No que se refere aos trabalhos publicados enquanto Benjamin estava vivo, foram usadas as primeiras edições, cotejadas com os manuscritos eventualmente preservados; os trabalhos oriundos do espólio ou aqueles que foram publicados nesta obra pela primeira vez seguiram os textos manuscritos.

- "O que é o teatro épico? Um estudo sobre Brecht" (primeira versão) – manuscrito inédito.
- "O que é o teatro épico? (segunda versão) – *Maß und Wert 2* (1939), p. 831-7.
- "Estudos para a teoria do teatro épico" – manuscrito inédito.
- "Trecho de 'Comentário sobre Brecht'" – *Frankfurter Zeitung*, Literaturblatt, 7 jul. 1930.
- "Um drama familiar no teatro épico" – *Die literarische Welt*, 5 fev. 1932.
- "O país em que o proletariado não pode ser mencionado" – *Die neue Weltbühne*, 30 jun. 1938
- Comentários sobre poemas de Brecht: "Sobre *Estudos*" e "Sobre *Guia para o habitante das cidades*" – manuscritos inéditos; "Sobre 'Lenda sobre o surgimento do livro Tao Te Ching'", *Schweizer Zeitung am Sonntag*, 23 abr. 1939; todos os outros comentários de acordo com os manuscritos (primeira

---

* Todas as notas de rodapé numeradas nos ensaios de Benjamin são de autoria do organizador da edição alemã-ocidental. Notas de tradução e da edição brasileira estão sinalizadas. (N. E.)

impressão: *Schriften*, Frankfurt am Main, Suhrkamp, 1955, v. 2, p. 351--72). A sequência dos comentários não foi determinada por Benjamin, e os trechos dos poemas apresentados no início são acréscimos do organizador: Benjamin juntava a seu maço de papéis datilografados a cópia de alguns poemas, e em folhas separadas. Uma dessas folhas segue uma seleção de "Cartilha de guerra alemã", à qual o comentário não faz referência direta.
- "*Romance dos três vinténs*, de Brecht" – segue o manuscrito (primeira impressão: *Bertolt Brechts Dreigroschenbuch*, Frankfurt am Main, Suhrkamp, 1960, p. 187-93).
- "O autor como produtor" – manuscrito inédito.
- "Conversas com Brecht" – manuscrito inédito, título de autoria do organizador.

O organizador atualizou, no geral, a ortografia de Benjamin; no caso da pontuação, procedeu-se uma cuidadosa tentativa de uniformização, sem evitar incoerências sempre que a intenção do autor não era incontestável. As citações de Brecht não foram corrigidas – exceto no caso de enganos patentes: Benjamin costumava citar a partir de cópias que Brecht lhe entregava; mas, tendo em vista o método desse último, de trabalhar continuamente em seus textos, a fixação das versões de que Benjamin dispunha em cada caso será possível no máximo a partir da edição histórico-crítica sobre Brecht que ainda falta.

Note-se que, evidentemente, os registros do diário sobre as conversas com Brecht não eram destinados à publicação. O nível dos interlocutores e o peso factual das anotações parecem justificar ao organizador sua publicação hoje, dez anos após a morte de Brecht e 25 anos após a de Benjamin.

O que é o teatro épico?
Um estudo sobre Brecht (primeira versão)

A questão do teatro atual pode ser mais bem determinada se a considerarmos do ponto de vista do palco, e não do da peça. Trata-se do soterramento da orquestra. Perdeu a função o fosso que separa os atores do público como separa os mortos dos vivos – o fosso cujo silêncio amplifica a devoção ao drama, cujo soar amplifica o arrebatamento pela ópera, esse fosso que carrega de maneira mais indelével, entre todos os elementos do palco, as marcas de sua origem sacra. O palco continua elevado, mas não se ergue mais de uma profundeza incomensurável; tornou-se tribuna. E, nessa tribuna, é preciso instalar-se. Eis a situação. Mas, como costuma acontecer em muitas ocasiões, também aqui prevaleceu a atividade de ocultá-lo em vez da de considerá-lo de maneira apropriada. Tragédias e óperas continuam a ser escritas e supostamente têm à disposição um aparato cênico há tempos confiável, embora, na verdade, elas não façam outra coisa senão abastecer um aparato obsoleto.

> Essa falta de clareza reinante entre músicos, autores e críticos sobre sua situação tem consequências terríveis e que são pouco observadas. Pois, ao imaginar que estão de posse de um aparato que, em realidade, os possui, acabam por defender um aparato sobre o qual não têm mais controle, que não é mais, como ainda acreditavam, um meio para os produtores, mas que se tornou um meio contra eles.

Com essas palavras, Brecht liquida a ilusão de que o teatro de hoje se baseia na literatura. Isso vale tanto para as peças comerciais como para as dele. Em ambos os casos, o texto tem serventia: no primeiro, serve para a manutenção do negócio; no segundo, para sua modificação. Como assim? Existe um drama para a tribuna – pois o palco transformou-se em tribuna – ou, como Brecht diz, "para institutos de publicação [de história]"? Se existe, qual é seu caráter? A única possibilidade de estar à altura da tribuna parece ter sido encontrada pelo "teatro de atualidades" (*Zeittheater*) com peças na forma de teses políticas. Independentemente do funcionamento desse teatro político, do ponto de vista social necessitava-se apenas do ingresso de massas proletárias nas posições que o aparato criara para as massas burguesas. A conexão funcional entre palco e público, texto e encenação, diretor e atores quase não foi alterada. O teatro épico parte da tentativa de modificar essa conexão de maneira fundamental. Ao público, o palco não apresenta mais "as tábuas que representam o mundo" (ou seja, um espaço encantado), mas um espaço de exibição com localização favorável. Para o palco, o público deixa de ser uma massa de cobaias hipnotizadas e se torna uma reunião de interessados, cujas demandas devem ser atendidas. Para o texto, a encenação não é mais uma interpretação virtuosa, mas controle estrito. Para a encenação, o texto não é mais uma base, mas coordenadas em que se registra, como novas formulações, o resultado. Para os atores, o diretor não passa mais orientações sobre efeitos, mas teses diante das quais é preciso tomar partido. Para o diretor, o ator não é mais o fingidor que tem de encarnar um papel, mas o funcionário que o inventaria.

É evidente que funções tão modificadas se assentam sobre elementos modificados. Uma encenação da parábola de Brecht *Um homem é um homem*, que ocorreu há pouco[1] em Berlim, ofereceu a melhor oportunidade para provar isso. Graças aos corajosos e empáticos esforços do intendente [Ernst] Legal, tratou-se não somente de uma das montagens mais rigorosas vistas em Berlim em anos, como também de um modelo de teatro épico, o único até agora. Analisaremos depois o que impediu os críticos profissionais de reconhecer isso. Depois de a atmosfera sufocante da estreia ter se dissipado, o público captou a comédia sem ajuda de nenhuma crítica profissional. Pois as dificuldades enfrentadas pelo reconhecimento do teatro épico não passam da expressão de sua proximidade à vida, enquanto a teoria definha no exílio babilônico de uma prática sem qualquer relação com nossa existência; assim, os valores de uma opereta de [Walter] Kollo são mais fáceis de ser encenados na linguagem canônica da estética do que os de um drama brechtiano. Ainda mais porque esse drama, a fim de dedicar-se integralmente à construção de um novo palco, se permite lidar livremente com a literatura.

O teatro épico é gestual. Em que medida será literário, no sentido usual, é outra questão. O gesto é seu material, e a utilização objetiva desse material é sua tarefa. O gesto tem duas vantagens, seja em relação às manifestações e às afirmações absolutamente enganadoras das pessoas, seja em relação a suas ações multiestratificadas e opacas. Em primeiro lugar, é possível falseá-lo somente até certo ponto; menos ainda, quanto mais discreto e habitual for o gesto. Em segundo lugar, ao contrário das ações e das atividades das pessoas, o gesto tem início e fim que podem ser fixados. Essa delimitação rigidamente enquadrada de

---

[1] Em 1931.

todos os elementos de uma atitude, que ainda assim está inteira num fluxo vivo, é um dos fenômenos dialéticos básicos do gesto. Decorre daí uma conclusão importante: quanto mais interrompemos alguém em ação, mais gestos obtemos. Portanto, a interrupção da ação é prioritária para o teatro épico. Ela constitui o resultado formal das canções brechtianas com seus refrões rudes, que dilaceram o coração. Sem avançarmos na difícil pesquisa sobre a função do texto no teatro épico, é possível afirmar que, em determinados casos, seu objetivo principal é o de interromper a ação – sem a ilustrar nem a incentivar. E não apenas a ação do outro, mas também a própria. O caráter retardador da interrupção e a divisão em episódios do enquadramento tornam épico o teatro gestual.

Foi dito que o teatro épico se preocupa mais em representar situações do que em desenvolver ações. E, enquanto quase todos os outros lemas de sua dramaturgia dissipavam-se desapercebidamente, esse último levou a mal-entendidos. Motivo suficiente para mencioná-lo. Parecia que as situações em questão não podiam ser nada além do ambiente social (*Milieu*) dos antigos teóricos. Dessa maneira, resumidamente, a pretensão era o retorno ao drama naturalista. Entretanto, ninguém é ingênuo o bastante para defender tal retorno. O palco naturalista, não menos que a tribuna, é um palco absolutamente ilusório. Sua própria consciência de ser teatro não consegue torná-lo profícuo; o palco naturalista – como todo palco dinâmico – tem de reprimi-la, a fim de dedicar-se sem desvios a seu objetivo: representar a realidade. O teatro épico, ao contrário, mantém ininterruptamente uma consciência viva e produtiva de ser teatro. Essa consciência permite tratar os elementos do real no sentido de uma ordem experimental, e as situações estão no final dessa experiência, não em seu início. Ou seja, elas não são aproximadas do espectador, mas afastadas dele. O espectador as reconhece como verdadeiras – não com a complacência do teatro do naturalismo, mas com espanto. A partir disso, o teatro épico honra uma prática socrática de maneira firme e pura. O interesse é despertado naquele que se espantou; nele está o interesse em sua forma primordial. Nada é mais característico para a maneira de pensar de Brecht do que a tentativa do teatro épico de transformar esse interesse primordial em interesse técnico. O teatro épico dirige-se a indivíduos interessados que, "sem motivo, não pensam". Entretanto, eles dividem essa postura com as massas. No afã de interessar essas massas pelo teatro de maneira técnica, mas de modo nenhum pelo caminho da cultura (*Bildung*), o materialismo dialético de Brecht se impõe de maneira incontraste. "Rapidamente teríamos um teatro repleto de especialistas, assim como temos ginásios esportivos cheios de especialistas."

Ou seja, o teatro épico não reproduz situações; antes, as revela. A revelação das situações acontece por meio da interrupção dos processos. O exemplo mais simples: uma cena de família. De repente, entra um estranho. A mulher está prestes a amassar um travesseiro e lançá-lo contra a filha; o pai está prestes a abrir a janela e chamar um policial. Nesse momento, o estranho aparece na porta. "*Tableau*", como se costumava a dizer por volta de 1900. Quer dizer, o estranho depara com a seguinte situação: roupa de cama amarrotada, janela aberta, móveis danificados. Mas há um olhar diante do qual mesmo as cenas mais convencionais da vida burguesa não são tão diferentes assim. Quanto maiores as dimensões da devastação de nossa ordem social (quanto mais nós e nossa capacidade de enfrentamento somos atacados), mais marcada deve ser a distância do estranho. Um desses estranhos aparecem em *Versuche**, de Brecht: um "Utis" suábio, uma contrapartida a Ulisses, ao "ninguém" grego, que procura pelo ciclope Polifemo na caverna. É assim que Keuner (eis o nome do estranho) entra na caverna do monstro caolho chamada "Estado de classes". Ambos são sagazes, acostumados ao sofrimento, muito viajados; são sábios. Uma resignação prática, que desde sempre se desvia de todo idealismo utópico, faz Ulisses não pensar em outra coisa senão em regressar para casa; Keuner, por sua vez, nem atravessou a soleira da própria porta. Ele ama as árvores que divisa quando sai de seu apartamento no quarto andar do prédio dos fundos. "Por que você nunca vai ao campo, já que gosta tanto das árvores?", seus amigos lhe perguntam. "Eu disse que gosto das árvores em meu jardim", responde o sr. Keuner. O intuito desse novo teatro é mobilizar esse pensador, o sr. Keuner – que, segundo Brecht sugeriu certa vez, deveria ser carregado deitado até a cena (de tão pequeno que é seu interesse por ela) –, para existir sobre o palco. Não sem surpresa, notaremos a profundidade de suas raízes históricas. Desde os gregos, o palco europeu nunca deixou de procurar o herói não trágico. Apesar de todos os renascimentos da Antiguidade, os grandes dramaturgos mantiveram a maior distância possível da forma autêntica da tragédia, a grega. Aqui não é o lugar para explicar como esse caminho foi traçado, na Idade Média, com Rosvita [de Gandersheim] nos dramas de mistério e, mais tarde, com Gryphius, Lenz e Grabbe, nem como Goethe cruzou com ele no segundo *Fausto*. Entretanto, devemos dizer que esse caminho foi o mais alemão. Isso, porém, se for possível falar de um caminho, e não talvez de uma trilha furtiva e de contrabando (*Pasch- und Schleichpfad*)

---

* "Ensaios", "experimentos" ou, ainda, "tentativas". *Versuche* foi uma coleção em que Brecht lançava suas obras e escritos. Iniciada em 1930, foi interrompida em 1933, com seu exílio, e retomada apenas após a queda do Terceiro Reich. (N. E.)

pela qual o legado do drama medieval e barroco atravessou o sublime, porém estéril, maciço do classicismo. Essa trilha – independentemente de quão acidentada e cerrada pela vegetação – reaparece hoje nos dramas de Brecht. O herói não trágico faz parte dessa tradição alemã. Não os críticos, mas os melhores pensadores da atualidade, como György Lukács e Franz Rosenzweig, reconheceram que sua paradoxal existência nos palcos deve ser resgatada por nossa própria existência. Há vinte anos, Lukács escreveu que Platão distinguira o não dramático na forma mais elevada do homem, o sábio. Apesar disso, em seus diálogos, ele o conduziu ao limiar do palco. Se quisermos considerar o teatro épico mais dramático do que o diálogo (o que nem sempre é), não se faz necessário que ele seja menos filosófico.

As formas do teatro épico correspondem às novas formas técnicas – tanto do cinema quanto do rádio. Ele está à altura da técnica. No cinema, a premissa de que o público deve ser capaz de "entrar" nele a qualquer momento se impôs cada vez mais; pressuposições complicadas devem ser evitadas; cada parte deve possuir valor próprio, de episódio, além de seu valor para o todo. No caso do rádio, visto que o público pode ligar ou desligar o aparelho a qualquer instante, isso se tornou estrita necessidade. O teatro épico confere ao palco as mesmas conquistas. Nele, em princípio, não há ninguém atrasado. Essa característica revela, ao mesmo tempo, que o prejuízo que ele pode causar ao teatro como instituição social é maior do que aquele infligido ao teatro como atividade vespertina de lazer. Se a burguesia se mistura à boemia no cabaré, se a distância entre a grande e a pequena burguesias se dissipa no teatro de variedades preenchendo a noite, os frequentadores do teatro para fumantes (*Rauchtheater*) de Brecht são os proletários. Para esses últimos, não são estranhas as instruções ao ator para que interprete a escolha da perna de pau pelo mendigo em *Ópera dos três vinténs* "de maneira que, no instante em que esse quadro ocorre, e justamente por causa dele, as pessoas decidam voltar ao teatro". As projeções de Neher para tais quadros são mais cartazes do que decoração de uma cena. O cartaz é um elemento absolutamente constitutivo do "teatro literário". "A literalização é a mescla do que foi 'figurado' ('*Gestalteten*') com o que foi 'formulado' ('*Formulierten*') e possibilita ao teatro estabelecer um contato com outras instituições dedicadas a atividades intelectuais."* Com instituições, inclusive com os livros em si. "Também na dramaturgia há de se inserir a nota de rodapé

---

* Cf. Steve Giles, Marc Silberman e Tom Kuhn (orgs.), *Brecht on Theatre: The Development of an Aesthetic* (trad. John Willett, Nova York, Hill & Wang, 1977), p. 43-4. (N. E.)

e o folhear das páginas para o cotejo." Mas o que as imagens de Neher apresentam? Brecht escreve que elas "se posicionam de tal maneira diante dos acontecimentos que o glutão verdadeiro de *Mahagonny* está sentado diante do glutão desenhado". Bem, quem me garante que o interpretado é mais real do que o desenhado? Nada nos impede de posicionar o interpretado na frente do real, ou seja, de permitir que o desenhado, no fundo, seja mais real do que o interpretado. Talvez apenas então tenhamos a chave para o potente e singular efeito dos trechos assim encenados. Entre os jogadores, alguns parecem mandatários de forças maiores que se mantêm em segundo plano. De lá, à maneira das ideias de Platão, agem constituindo-se como modelos para as coisas. Assim, as projeções de Neher seriam ideias materialistas, ideias de "condições" autênticas, e, independentemente de quão próximas do acontecimento, seus contornos trêmulos seguem denunciando de qual proximidade muito mais íntima tiveram de se desprender para se tornar visíveis.

A literalização do teatro por meio de enunciações, cartazes, letreiros – cujo parentesco com as práticas chinesas é familiar a Brecht e algum dia deve ser objeto de estudo à parte – vai (e deve) "roubar o palco de suas sensações materiais". Brecht avança na mesma direção ao ponderar se os acontecimentos apresentados pelo ator épico não deveriam ser previamente conhecidos. "Nesse caso, a princípio, os eventos históricos seriam os mais adequados." Também aqui algumas liberdades seriam inevitáveis, como enfatizar não as grandes decisões que estão nas linhas de fuga da expectativa (*Fluchtlinien der Erwartung*), mas o incomensurável, o singular. "Pode acontecer assim, mas também pode acontecer algo bem diferente" – eis a postura básica daquele que escreve para o teatro épico. A relação que ele mantém com sua história é igual à do professor de balé com a aluna. O primeiro objetivo é flexionar as articulações dela até o limite possível. Ele estará tão distante dos clichês históricos e psicológicos como Strindberg em seus dramas históricos. Pois Strindberg empreendeu, com energia consciente, um teatro épico não trágico. Se nas obras que abordam os dramas existenciais pessoais ele ainda lança mão do esquema cristão da Paixão, naquelas de caráter histórico (*Historien*) ele abriu caminho – por meio da veemência de seu pensamento crítico, por sua ironia desmascaradora – para o teatro gestual. Nesse sentido, o caminho do calvário *Rumo a Damasco* e a balada popular (*Moritat*) *Gustavo Adolfo* são os dois polos de sua criação dramática. Uma mirada nessa direção é suficiente para reconhecer a oposição produtiva de Brecht à "dramática de atualidades" (*Zeitdramatik*), oposição que ele supera em suas "peças didáticas" (*Lehrstücken*). Elas são o desvio necessário através do teatro épico que a peça com uma tese tem de tomar. Um desvio se comparado aos dramas de Toller ou Lampel, exatamente como o pseudoclassicismo alemão, que, "concedendo o primado à ideia, faz com que o espectador almeje sempre determinado objetivo, criando, por assim dizer, uma demanda cada vez maior pela oferta". Em vez de abordar nossas condições a partir do exterior, como os autores citados, Brecht faz com que elas se critiquem umas às outras dialeticamente, que seus diversos elementos se confrontem de maneira lógica; seu estivador Galy Gay, em *Um homem é um homem*, não passa de um palco para as contradições de nossa ordem social. Talvez não seja muita ousadia, no espírito de Brecht, definir o sábio como palco perfeito de tal dialética. De todo modo, Galy Gay é um sábio. Ele se apresenta como um estivador "que não bebe, fuma muito pouco e quase não tem paixões". Ele não se dá conta do oferecimento da viúva para quem carregou um cesto e que quer lhe recompensar a noite: "Para ser franco, eu gostaria de comprar um peixe". Apesar disso, ele é apresentado como um homem "que não sabe dizer não". E isso também é sábio. Pois, dessa maneira, ele introduz as contradições da existência onde, em última instância, elas têm se ser superadas: no ser humano. Apenas "aquele que concorda" (*der "Einverstandene"*) tem chance de mudar o mundo. Assim, o sábio solitário e proletário Galy Gay concorda com a supressão da própria sabedoria e com seu alistamento nas impetuosas fileiras do Exército colonial inglês. Ele acabara de sair de casa para comprar um peixe, a pedido da mulher. Logo depara com um pelotão do Exército anglo-indiano que, ao saquear um pagode, perdera seu quarto homem. Os três têm todo o interesse em encontrar um substituto o mais rapidamente possível. Galy Gay é o homem que não sabe dizer não. Ele segue os três, sem saber o que o espera. Pouco a pouco, ele assume o pensamento, as condutas, os hábitos que um homem em guerra deve ter; ele é completamente reestruturado, não reconhecerá mais sua esposa quando ela o achar e, por fim, se tornará um temido guerreiro, conquistador da fortaleza So al Dohowr, nas montanhas tibetanas. Um homem é um homem, estivador, mercenário. Tanto faz se com sua natureza de mercenário ou de estivador, ele lidará igualmente com ambas. Um homem é um homem: não se trata de fidelidade com sua própria essência, mas da disposição de acolher um novo dentro de si.

> Não diga teu nome com tanta precisão, isso é bobagem. / Afinal estarás sempre dizendo o nome de outro. / E para que expressar tua opinião com tanto estardalhaço? Esqueça-a. Qual era mesmo? / Não te lembres de alguma coisa por mais tempo do que ela possa durar.

O teatro épico questiona o caráter de entretenimento do teatro; ele abala sua validade social na medida em que retira sua função na ordem capitalista; ele ameaça – terceiro ponto – a crítica em seus privilégios. Tais privilégios são compostos por um conhecimento técnico que capacita o crítico a determinadas observações a respeito da direção e da encenação. Os critérios em jogo nessas observações raramente estão sob seu controle. E ele também pode prescindir deles ao se fiar na "estética do teatro" – de cujos detalhes ninguém quer saber exatamente. Mas, se a estética do teatro não permanecer mais em segundo plano, se o público se tornar seu fórum e o efeito produzido no sistema nervoso do indivíduo deixar de ser seu critério, dando lugar à organização de uma massa de espectadores, a crítica em sua forma atual perde a dianteira dessa massa e se mantém bem atrás. No instante em que a massa se diferencia nos debates, nas decisões responsáveis, nas tentativas de posicionamentos fundamentados, no instante em que a totalidade falsa, dissimuladora, chamada "público" começa a se desagregar a fim de abrir espaço para diferentes partidos que correspondem às verdadeiras condições – nesse instante, a crítica sofre o duplo dissabor: tem seu caráter de agente revelado e, ao mesmo tempo, depreciado. Simplesmente por apelar a um "público" – que continua a existir dessa maneira opaca apenas para o teatro, significativamente não mais para o cinema –, ela passa a advogar, querendo ou não, para aquilo que os antigos chamavam de teatrocracia: a dominação das massas baseada em reflexos e sensações, exato oposto de uma tomada de posição de coletivos responsáveis. Com esse comportamento do público, impõem-se as "inovações" (*Neuerungen*") que excluem qualquer pensamento diferente daquele realizável na sociedade, tornando-se o oposto de quaisquer "renovações" (*Erneuerungen*"). O que se ataca aqui é a base, é a noção de que a arte pode somente "roçar" as experiências da vida e que apenas ao *kitsch* é permitido abranger toda sua amplitude; ainda por cima, isso valeria somente para as classes mais baixas. O ataque à base, porém, é ao mesmo tempo contestação dos próprios privilégios da crítica – ela acusou o golpe. Na discussão sobre o teatro épico, ela deve ser compreendida apenas como um partido.

O "autocontrole" no palco, entretanto, deve contar com atores que tenham um entendimento do público bem diferente daquele do domador em relação às feras que habitam as jaulas; com atores para os quais o efeito não é meio, mas fim. Em Berlim, quando perguntaram ao diretor russo Meyerhold como seus atores se diferenciavam dos da Europa ocidental, ele respondeu: "Por duas coisas. Em primeiro lugar, eles conseguem pensar; em segundo, pensam de maneira materialista, não idealista". A afirmação de que o palco é uma instituição moral só se mostra legítima em relação a um teatro no qual o conhecimento não é apenas transmitido, mas gerado. No teatro épico, a formação do ator consiste numa atuação que o leva ao conhecimento; esse conhecimento, por sua vez, determina sua atuação não apenas no sentido do conteúdo, mas também por meio de tempos, pausas e ênfases. Não se trata de questão de estilo. No programa de *Um homem é um homem*, lemos: "No teatro épico, o ator tem diversas funções, e seu estilo de atuar se modifica de acordo com as funções exercidas". Essa multiplicidade de possibilidades, porém, é dominada por uma dialética à qual todos os momentos de estilo devem se submeter.

> O ator deve mostrar algo e deve se mostrar. Ele mostra esse algo com naturalidade à medida que se mostra, e ele se mostra à medida que mostra esse algo. Embora sejam ações coincidentes, não devem coincidir a ponto de fazer desaparecer a oposição (diferença) entre essas duas atividades.

"Tornar os gestos possíveis de ser citados", eis o mais importante feito do ator; ele há de conseguir espaçar seus gestos como um tipógrafo faz com as palavras. "A peça épica é uma construção que deve ser observada racionalmente e na qual as coisas devem ser reconhecidas; por isso, sua apresentação deve favorecer esse olhar." A tarefa primordial de uma direção épica é expressar a relação da ação representada com a ação da representação em si. Se o programa integral de formação marxista é determinado pela dialética que norteia o comportamento de ensinar e de aprender, algo análogo acontece no teatro épico em razão de seu permanente confronto entre o evento cênico que é mostrado e o comportamento cênico que o mostra. O primeiro mandamento desse teatro é que "o mostrador" (o ator em si) "seja mostrado". Tal formulação talvez lembre a antiga dramaturgia de Tieck. Comprovar esse equívoco seria escalar o urdimento da teoria brechtiana usando uma escada de caracol. Nesse caso, a referência a um único momento deve ser suficiente: com todas as suas habilidades de reflexão, o palco do romantismo nunca fez justiça ao relacionamento dialético original – a relação entre a teoria e a prática. A seu modo, esforçou-se em vão nesse sentido, assim como hoje o teatro de atualidades.

Ou seja, se o ator do palco antigo, como "comediante", vez ou outra se encontrava ao lado do padre, no teatro épico ele está ao lado do filósofo. O gesto demonstra o significado social e a aplicabilidade da dialética. Testa as condições com os homens. As dificuldades que o diretor encontra no ensaio não são possíveis de ser resolvidas sem uma percepção concreta do corpo da sociedade. Mas a dialética pretendida pelo teatro épico não depende de uma sequência temporal das cenas; ela se manifesta especialmente nos elementos gestuais que estão na base de toda sucessão cronológica – são chamados, de maneira imprópria, de elementos por serem mais simples do que essa sucessão. Aquilo que se revela da condição (*Zustand*) num flash – pela reprodução da mímica humana, de atitudes e de palavras – é o comportamento dialético imanente. A condição revelada pelo teatro épico é a dialética em repouso. Assim como em Hegel a passagem do tempo não é a mãe da dialética, mas apenas o meio no qual ela se apresenta, no teatro épico a mãe da dialética não é o curso contraditório dos enunciados ou os modos de comportamento, mas os gestos em si. Um mesmo gesto ordena que Galy Gay troque de roupa ou vá até o muro para ser fuzilado. Um mesmo gesto faz com que ele dispense o peixe e aceite o elefante. O interesse do público frequentador do teatro épico se satisfaz com essas descobertas, e elas farão valer o dinheiro gasto. O autor explica com propriedade o que separa esse teatro, mais sério, daquele teatro comum, de entretenimento:

> À medida que chamamos de culinário o teatro que nos é hostil, despertamos a impressão de que somos, com o nosso, contrários a qualquer diversão, de que não podemos imaginar o aprendizado ou a instrução senão como grande desprazer. Para combater um inimigo, muitas vezes enfraquecemos nossa própria posição e esvaziamos nossa questão de qualquer amplitude e validade a fim de alcançarmos um maior efeito do radicalismo. Assim limitada à forma de combate, ela talvez possa vencer, mas não substituir os vencidos. Entretanto, o processo de conhecimento, o qual já mencionamos, é prazeroso em si. O simples fato de conhecer o homem de determinada maneira gera um sentimento de triunfo; e também é prazeroso não o conhecer totalmente, de modo definitivo; ao contrário, ele não se exaure com facilidade, abrigando e ocultando dentro de si muitas possibilidades (de onde vem sua capacidade de desenvolvimento). Sabê-lo passível de ser modificado por seu ambiente e, por sua vez, de modificar o ambiente – isto é, ser capaz de lidar com consequências –, tudo isso gera a sensação de prazer. Claro que isso não se aplica quando o homem é visto como algo mecânico, totalmente substituível, sem resistência, como acontece hoje por causa de determinadas condições sociais. O espanto a ser inserido aqui na fórmula aristotélica para efeito de tragédia deve ser considerado uma habilidade e pode ser aprendido.

O estancamento no fluxo da vida real, o momento em que seu transcurso cessa, torna-se perceptível como refluxo: o espanto é o refluxo. A dialética na cessação é seu real objeto. É a rocha a partir da qual o olhar se volta para aquele fluxo de coisas, abaixo, evocado por uma canção da cidade de Jehoo "que está sempre cheia e onde ninguém fica" e que começa assim:

Não te demores sobre a onda que rebenta a teus pés. / Permanecendo n'água, novas ondas rebentarão sobre eles.

Mas, se o fluxo das coisas se choca contra essa rocha do espanto, não há diferença entre uma vida humana e uma palavra. No teatro épico, ambas são apenas a crista da onda. Esse teatro faz com que a vida jorre para o alto do leito do tempo e, por um átimo, brilhe no vazio, para depois deitá-la novamente.

Capa da primeira edição impressa do roteiro de *A ópera dos três vinténs* (Viena/Leipzig, Universal, 1928).

O que é o teatro épico? (segunda versão)

1. O público relaxado

"Não há nada melhor do que se deitar no sofá e ler um romance", disse um épico no século passado. Eis o grau de relaxamento que o leitor pode obter da obra narrativa que está fruindo. Temos uma ideia oposta daquele que assiste a um drama. Imaginamos um homem tenso, que mobiliza todas as suas fibras ao acompanhar uma cena. O conceito de teatro épico (formulado por Brecht, como teórico de sua prática poética) indica, sobretudo, que esse teatro deseja um público relaxado, que acompanha a trama com descontração. Certamente sempre será um coletivo, diferentemente do leitor, que está a sós com seu texto. Esse público, como coletivo, também se sentirá chamado a um posicionamento imediato. Porém, tal posicionamento, imagina Brecht, deve ser refletido, relaxado – resumindo, o de pessoas interessadas. Um objeto duplo está previsto para sua participação. Primeiro, os eventos, que devem ser do tipo que, em momentos decisivos, possam ser examinados pela experiência do público. Segundo, a encenação, cuja montagem artística deve ser arquitetada de maneira transparente. (Essa transparência é diametralmente oposta à "simplicidade"; na realidade, pressupõe conhecimento artístico e perspicácia do diretor.) O teatro épico dirige-se aos interessados "que não pensam sem que tenham um motivo". Brecht não perde de vista as massas, cujo uso condicional do pensamento certamente é abrangido por essa fórmula. No afã de tornar seu público interessado pelo teatro de maneira técnica, mas não pelo caminho da mera cultura (*Bildung*), impõe-se uma vontade política.

2. A fábula

O teatro épico deve "privar o palco da sensação oriunda do conteúdo". Dessa maneira, muitas vezes uma fábula antiga lhe será mais proveitosa do que uma nova. Brecht se perguntou se os eventos apresentados pelo teatro épico não deviam ser previamente conhecidos. Ele disse que a relação com a fábula deve ser igual à do professor de balé com a aluna; seu primeiro objetivo é o de flexionar as articulações dela até o limite do possível. (O que realmente acontece no teatro chinês. Em "The Fourth Wall of China"[1] [A quarta parede da China*], Brecht mostra em que aspectos é grato a esse teatro.) Se o teatro tem de se ocupar de acontecimentos já conhecidos, "então os eventos históricos seriam os mais adequados". Sua dilatação (*Streckung*) épica por meio do modo de atuação, dos pôsteres e dos letreiros objetiva retirar deles o caráter da sensação.

Assim, em sua peça mais recente, Brecht transforma a vida de Galileu em objeto. Galileu é apresentado como um grande professor, em primeiro lugar. Ele não apenas ensina uma nova física, como tem outra maneira de ensinar. Em suas mãos, a experiência não se torna somente uma conquista da ciência, mas da pedagogia. A ênfase do texto não é na retratação de Galileu. O verdadeiro evento épico deve ser procurado no que se vê no letreiro da penúltima cena: "1633-1642. Como prisioneiro da Inquisição, Galileu continua seus trabalhos científicos até morrer. Ele consegue fazer com que suas principais obras sejam retiradas clandestinamente da Itália".

A ligação desse teatro com o transcurso do tempo é muito diferente daquela do teatro trágico. Como a tensão importa menos ao final do que aos acontecimentos individuais, ele pode abranger os mais vastos períodos. (Algo semelhante acontecia anteriormente na encenação de mistérios. A dramaturgia de Édipo ou de *O pato selvagem* é oposta à épica.)

3. O herói não trágico

O palco clássico francês abria espaço entre os atores para os espectadores de elevada condição social, que tinham suas poltronas em cena aberta. Isso nos parece descabido. Segundo o conceito do "dramático" que conhecemos do teatro, associar aos acontecimentos no palco um terceiro sem participação ativa, como observador imparcial, "pensador", seria igualmente descabido. Brecht imaginou isso várias vezes. Podemos avançar e dizer que ele empreendeu a tentativa de transformar o pensador, o sábio, no herói em si. A partir daí, podemos definir seu teatro como épico. E foi com a personagem Galy Gay, o estivador, que essa tentativa chegou mais longe. Galy Gay, o herói da peça *Um homem é*

---

[1] "The Fourth Wall of China: an Essay on the Effect of Disillusion in the Chinese Theater", em *Life and Letters Today*, v. 15, n. 6, 1936.

* Na tradução do título, que aparece em inglês já no original alemão, perde-se o jogo de palavras com *wall*, que significa tanto "parede" quanto "muralha". (N. E.)

um homem, não passa de um palco das contradições que definem nossa sociedade. Talvez não seja ousado demais, no sentido de Brecht, considerar o sábio o palco perfeito de sua dialética. De todo modo, Galy Gay é um sábio. O não dramático do homem superior, do sábio, foi muito bem reconhecido por Platão. Em seus diálogos, ele o colocou no limiar do drama; em *Fedro*, no limiar do jogo da paixão. O Cristo medieval, que (como o conhecemos pelos Pais da Igreja) representava também o sábio, é o herói não trágico por excelência. E a procura pelo herói não trágico no drama secular do Ocidente nunca cessou. Muitas vezes em conflito com seus teóricos, esse drama divergiu da autêntica forma da tragédia – a grega – de maneiras sempre novas. Esse caminho importante, porém mal sinalizado (que pode ser considerado aqui imagem de uma tradição), passou por Rosvita e os mistérios, na Idade Média; por Gryphius e Calderón, no barroco. Mais tarde, apareceu em Lenz e Grabbe, e, por fim, em Strindberg. As cenas de Shakespeare postam-se como monumentos a sua margem, e Goethe cruzou-o na segunda parte de *Fausto*. Trata-se de um caminho europeu, mas também alemão – caso seja possível falar de um caminho, e não de uma trilha furtiva e de contrabando, pela qual o legado do drama medieval e barroco chegou a nós. Essa trilha, independentemente de quão acidentada e cerrada pela vegetação, aparece nos dramas de Brecht.

4. A interrupção

Brecht contrapõe seu teatro épico ao teatro dramático em sentido estrito, cuja teoria foi formulada por Aristóteles. Por essa razão, Brecht apresenta a dramaturgia correspondente como não aristotélica, assim como Riemann introduziu uma geometria não euclidiana. Essa analogia pode evidenciar que não se trata de uma relação de concorrência entre as formas de teatro em questão. Riemann abandonou o axioma das paralelas. A dramaturgia de Brecht descartou a catarse aristotélica, o extravasamento dos afetos pela empatia com o destino comovente do herói.

O interesse relaxado do público, para quem se destinam as encenações do teatro épico, é particular exatamente porque a empatia dos espectadores quase não é mobilizada. A arte do teatro épico consiste em provocar espanto, não empatia. Em uma fórmula: o público, em vez de sentir empatia pelo herói, deve aprender a se espantar com as situações em que esse herói se encontra.

O teatro épico, diz Brecht, não deve se ocupar tanto em desenvolver ações, mas em apresentar situações. Entretanto, apresentar, aqui, não significa reproduzir no sentido do teórico naturalista. Trata-se, primeiro, de descobrir as situações. (Também é possível dizer: distanciá-las [*verfremden*].) Essa descoberta (esse distanciamento) das situações se dá por meio da interrupção dos processos. O exemplo mais simples: uma cena de família. De repente, entra um estranho. A mulher estava em vias de pegar uma estatueta de bronze e lançá-la contra a filha; o pai, de abrir a janela e chamar um policial. Nesse instante, o estranho surge na porta. "*Tableau*", como se costumava falar por volta de 1900. Quer dizer, o estranho é confrontado com a situação: feições transtornadas, janela aberta, móveis danificados. Mas há um olhar diante do qual mesmo as cenas mais convencionais da vida burguesa não são tão diferentes disso.

5. O gesto que pode ser citado

"O efeito de cada frase", está dito num poema didático de Brecht, "foi aguardado e revelado. E aguardado até que a multidão tivesse colocado as frases no prato da balança". Resumindo, o jogo foi interrompido. É possível avançar e recordar que a interrupção é um dos procedimentos fundamentais de toda configuração formal (*Formgebung*). Ela ultrapassa em muito o domínio da arte. Para ressaltar apenas um de seus aspectos: ela está na base da citação. Citar um texto implica interromper sua coesão. Por esse motivo, certamente é compreensível que o teatro épico – baseado na interrupção – seja passível de citação num sentido específico. Que sua possibilidade de citação não tenha nada de especial. O contrário se dá com os gestos que aparecem no decorrer da peça.

"Tornar os gestos passíveis de ser citados" é uma das principais realizações do teatro épico. O ator deve conseguir espaçar seus gestos como um tipógrafo faz com as palavras. Esse efeito pode ser alcançado, por exemplo, na medida em que o ator cita o próprio gesto em cena. Assim, acompanhamos como [Carola] Neher, no papel de sargento do Exército da Salvação em *Happy End*, fez proselitismo num bar de marinheiros entoando uma canção mais adequada àquele ambiente do que a uma igreja e depois teve de citar a canção e seu gesto diante de um conselho do Exército da Salvação. Do mesmo modo, em *A decisão**, ao tribunal do partido é apresentado não apenas o relatório dos comunistas que acusavam um camarada, mas também – por intermédio de suas atuações – uma série de gestos desse último. Aquilo que no drama épico se constitui em recurso artístico mais sutil torna-se, principalmente na peça didática, um de seus objetivos imediatos. No mais, o teatro épico é um teatro gestual por definição. Isso porque quanto mais frequentemente interrompemos alguém em ação, mais gestos obtemos.

---

* Também conhecida no Brasil como *As medidas tomadas*. (N. E.)

6. A peça didática

O teatro épico é concebido tanto para os atores quanto para os espectadores. A peça didática destaca-se como caso peculiar principalmente porque a excepcional parcimônia do aparelho simplifica e propõe a troca do público com os atores, dos atores com o público. Todo espectador pode tornar-se coadjuvante (*Mitspieler*). E, de fato, é mais fácil interpretar o "professor" do que o "herói".

Na primeira versão de *O voo de Lindbergh*, publicada numa revista, o aviador [Charles Lindbergh] ainda figurava como herói. A peça foi pensada para sua glorificação. A segunda versão deveu-se – e isso é revelador – a uma correção do próprio Brecht. Nos dias que se seguiram a esse voo, ambos os continentes foram tomados pelo entusiasmo, mas a sensação se esvaziou. Em *O voo de Lindbergh*, Brecht se esforça para desmontar o espectro do "evento" (*"Erlebnis"*) e dele extrair as cores da "experiência" (*"Erfahrung"*). Essa experiência deveria vir apenas do trabalho de Lindbergh, não da excitação do público, e ser devolvida "aos Lindberghs".

Ao se juntar à Força Aérea Real, T. E. Lawrence, autor de *Os sete pilares da sabedoria*, escreveu a Robert Graves dizendo que aquele passo representava para o homem da época o mesmo que a entrada num convento significava para o homem medieval. Nessa afirmação, reencontramos a tensão característica tanto de *O voo de Lindbergh* quanto das peças didáticas posteriores. Uma rigidez clerical é aplicada no ensino de uma técnica moderna – primeiro no da aeronáutica, depois no da luta de classes. Essa segunda utilização acontece de modo mais abrangente em *A mãe*. Preservar justamente um drama social dos efeitos inerentes à empatia e com os quais seu público estava tão acostumado foi um movimento audacioso. Brecht sabe disso; num poema epistolar, dedicado à encenação dessa peça em Nova York, ele afirma:

> Muitos nos perguntavam: o trabalhador vai compreendê-lo? Ele abrirá mão do vício costumeiro; da participação em espírito na indignação alheia, na ascensão de outros; de todas as ilusões que o assolam durante duas horas e o deixam ainda mais exausto, cheio de lembranças vagas e esperanças mais vagas ainda?

7. O ator

O teatro épico avança, à semelhança dos fotogramas nas películas de cinema, aos trancos. Sua forma básica é a do choque – o embate das situações individuais, claramente distintas umas das outras. As canções, os letreiros, as convenções gestuais diferenciam essas situações entre si. Dessa maneira, surgem intervalos que estorvam a ilusão do público e prejudicam sua disposição à empatia. Tais intervalos estão reservados a sua tomada de posição crítica (diante do comportamento encenado das pessoas e do modo como ele é encenado). No que se refere ao modo de encenar, a tarefa do ator no teatro épico é deixar claro, durante a atuação, que mantém a cabeça fria. Mesmo para ele, a empatia é de pouco proveito. O "ator" do teatro dramático nem sempre está completamente preparado para esse tipo de atuação. Talvez seja possível se aproximar mais do teatro épico, e de maneira mais objetiva, a partir da noção de "fazer teatro" (*Theaterspielen*).

Brecht diz:

> O ator deve mostrar uma coisa e deve se mostrar. Ele mostra a coisa naturalmente à medida que se mostra e se mostra à medida que mostra a coisa. Embora exista coincidência nisso, não é possível coincidir tanto a ponto de a diferença entre as duas tarefas desaparecer.

Em outras palavras, o ator deve se reservar a possibilidade de, artisticamente, sair do papel. Ele não deve abrir mão de, em dado momento, fazer o papel daquele que pensa (sobre seu papel). Seria errado lembrar, então, a romântica ironia de Tieck em *O gato de botas*, por exemplo. Essa última não tem objetivo didático; no fundo, apenas atesta a informação filosófica do autor, sempre presente ao escrever a peça – no final, o mundo pode ser um teatro também.

É exatamente o modo de atuação no teatro épico que permite reconhecer, de maneira espontânea, o quanto nesse campo o interesse artístico é idêntico ao político. Lembremo-nos do ciclo de Brecht *Terror e miséria do Terceiro Reich*. É fácil concordar que um ator alemão no exílio fazer o papel de um homem da SS ou de um membro do Tribunal do Povo é uma tarefa fundamentalmente diferente daquela de um bom pai de família corporificar o Don Juan de Molière. Para o primeiro, é difícil considerar a empatia como um procedimento adequado – não haveria possibilidade de empatia pelo assassino de seus companheiros combatentes. Nesses casos, outro modo de atuar, mais distanciado, poderia receber uma nova legitimação e lograr êxito. Esse seria o modo épico.

8. O teatro sobre a tribuna

É mais fácil definir a questão do teatro épico a partir do conceito do palco do que do conceito de um novo drama. O teatro épico leva em consideração uma circunstância pouco observada. Ela pode ser descrita como o soterramento da orquestra. O fosso que separa os atores do público como os mortos dos vivos

– cujo silêncio amplifica a grandiosidade do teatro, cuja ressonância amplifica o arrebatamento na ópera, esse fosso que, entre todos os elementos do palco, carrega as marcas mais indeléveis de sua origem sacra – perdeu continuamente seu significado. O palco continua elevado. Mas não se ergue mais de uma profundeza imensurável: tornou-se tribuna. Peça didática e teatro épico são uma tentativa de ocupar essa tribuna.

Estudos para a teoria do teatro épico

O teatro épico é gestual. O gesto, em sentido estrito, é o material; o teatro épico, seu aproveitamento adequado. A partir daí, duas questões se colocam de pronto. A primeira, de onde o teatro épico toma seus gestos? A segunda, o que entendemos por aproveitamento de gestos? Como terceira questão, eu acrescentaria: em quais métodos se baseiam a lida e a crítica do gesto no teatro épico?

Sobre a primeira questão: os gestos são encontrados na realidade. Mais especificamente – e trata-se de uma afirmação importante, intimamente ligada à natureza do teatro –, na realidade atual. Supondo que alguém escreva um drama histórico, eu afirmo: o autor só dominará sua tarefa na medida em que tiver a possibilidade de combinar, de maneira lógica e patente, acontecimentos históricos com um gesto atual, executável por pessoas contemporâneas. Determinados conhecimentos, possibilidades e limites do drama histórico podem derivar dessa exigência. Pois, de um lado, é certo que gestos imitados não têm valor, a menos que o processo gestual da imitação seja objeto do debate. De outro lado, é certo que, atualmente, o gesto do papa coroando Carlos Magno ou o de Carlos Magno recebendo a coroa não passam de imitação. Ou seja, a matéria-prima do teatro épico é exclusivamente o gesto encontrado hoje, o gesto de uma ação ou da imitação de uma ação.

Sobre a segunda questão: o gesto tem duas vantagens em relação, de um lado, às afirmações e asseverações enganadoras das pessoas; e, de outro, às muitas camadas e à opacidade de suas ações. Primeiro, ele é falsificável apenas até certo grau; menos ainda quanto mais discreto e habitual. Segundo, ao contrário das ações e operações das pessoas, ele tem início e final que podem ser fixados. Essa delimitação rígida, semelhante a um enquadramento, de todo elemento de uma atitude que se encontra em meio a um fluxo, é um dos fenômenos dialéticos básicos do gesto. Disso resulta uma importante conclusão: quanto mais interrompemos alguém em sua ação, mais gestos obtemos. Por isso, a interrupção da ação está em primeiro plano no teatro épico. Nessa interrupção encontra-se o valor da canção para a economia do drama como um todo. Sem antecipar a difícil investigação da função do texto no teatro épico, podemos dizer que, em determinados casos, a principal função do texto é a de interromper a ação, nunca a de ilustrá-la nem a de incentivá-la. E não só interromper a ação de um estranho, como também a própria. O caráter de retardamento da interrupção e o caráter episódico do enquadramento transformam – e o digo de passagem – o teatro gestual num teatro épico. Seria o caso agora de apresentar os processos aos quais essa matéria-prima assim preparada – os gestos – está submetida no palco. Ação e texto não cumprem outra função aqui senão a de ser elementos variáveis numa experiência de organização. Mas em qual direção se encontra o resultado dessa experiência?

A resposta à segunda questão, formulada dessa maneira, não pode ser dissociada da discussão da terceira: quais métodos são empregados na elaboração dos gestos[1]? Essas questões abrem verdadeiramente a dialética do teatro épico. Assinalemos aqui apenas alguns de seus conceitos básicos. A princípio, são dialéticas as seguintes relações: a do gesto com a situação, e vice-versa; a do ator representando com a personagem representada, e vice-versa; a do comportamento compulsoriamente autoritário do ator com o comportamento crítico do público, e vice-versa; a da ação representada com aquela ação implicada em qualquer tipo de encenação. Esse rol é suficiente para reconhecermos como todos esses momentos dialéticos se submetem novamente à dialética superior – recém-redescoberta após longo tempo –, que é determinada pela relação entre conhecimento e educação. Pois todos os conhecimentos alcançados pelo teatro épico têm efeito educativo imediato; ao mesmo tempo, o efeito educativo do teatro épico se transforma imediatamente em conhecimentos que podem ser especificamente diferentes para o ator e o público.

---

[1] (No original datilografado, constam as seguintes frases acrescentadas à mão na margem deste parágrafo:) Os gestos demonstram a significação social e a aplicabilidade da dialética. Ela testa as relações nos homens. As dificuldades que o diretor encontra durante os ensaios – mesmo que provenham da procura pelo "efeito" – não podem mais ser separadas de verificações concretas no corpo da sociedade.

Trecho de "Comentário sobre Brecht"

Bert Brecht é um fenômeno difícil. Ele se recusa a explorar "livremente" seus grandes talentos literários. E talvez não haja nenhuma crítica contra sua atuação literária – plagiador, perturbador da ordem, sabotador – que ele não reivindicaria como elogio por sua ação não literária, anônima, porém marcante como educador, pensador, organizador, político, diretor. De todo modo, é inquestionável que, entre todos os autores alemães, ele é o único que se pergunta onde empregar seu talento e o único que só o emprega se estiver convencido da necessidade de fazê-lo, abstendo-se sempre que a ocasião não o exija. Os *Versuche 1-3* são pontos em que seu talento foi empregado. A novidade aqui é que esses pontos surgem com toda a importância; motivado por eles, o poeta licencia-se de sua "obra" e, como um engenheiro que começa a realizar perfurações para descobrir petróleo no deserto, assume suas atividades no deserto do presente em pontos meticulosamente calculados – o teatro, a anedota, o rádio (outros serão abordados depois). "A publicação de *Versuche*", começa o autor, "ocorre num momento em que determinados trabalhos não devem constituir experiências tão individuais (ter caráter de obra), destinando-se, antes, à utilização (transformação) de determinados institutos e instituições". Não se proclama renovação; planeja-se inovação. Aqui, a literatura não espera mais nada do sentimento de um autor que, desejoso de mudar o mundo, não tenha se aliado à sobriedade. Ela sabe que a única chance que lhe restou é tornar-se produto secundário num processo muito ramificado para a mudança do mundo. Os *Versuche 1-3* são um desses produtos e, ainda por cima, de valor inestimável. O produto principal, entretanto, é uma nova atitude. Lichtenberg diz: "As convicções de uma pessoa não importam. Importa, sim, em que ela se transforma a partir dessas convicções". Para Brecht, esse "em que" se chama atitude. Ela é nova, e sua principal novidade é que pode ser aprendida. "O segundo experimento, *Histórias do sr. Keuner*", diz o autor, "é a tentativa de tornar os gestos citáveis". Quem lê essas histórias percebe que os gestos citados são os da pobreza, da incerteza, da impotência. A eles foram acrescidas apenas pequenas inovações; patentes, por assim dizer. Pois o sr. Keuner, que é proletário, opõe-se frontalmente ao ideal de proletário dos filantropos: ele não é interiorizado. Ele aguarda o fim da miséria por um único caminho, que é o desenvolvimento da atitude que a miséria lhe impõe. Mas não apenas a atitude do sr. Keuner é citável; da mesma maneira, por exercício, aquela do aluno em *O voo de Lindbergh* e a do egoísta Fatzer. E mais: não apenas suas atitudes são citáveis, mas também as palavras que as acompanham. Essas palavras devem ser exercitadas – quer dizer, primeiro, percebidas; depois, compreendidas. Seu primeiro efeito é pedagógico; em seguida, político; bem por último, poético. O objetivo do comentário que reproduzimos em parte aqui é promover ao máximo o pedagógico e retardar ao máximo o poético.

1

Abandone seu posto.
As vitórias foram conquistadas.
    As derrotas foram
conquistadas:
agora abandone seu posto.

"As derrotas foram..." menos por parte dele, Fatzer, do que para ele. O vencedor não deve permitir ao vencido a experiência da derrota. Ele deve tomar conta dela também, deve dividir a derrota com o derrotado. Daí ele terá se tornado dono da situação.

Submerja novamente até o fundo,
    vencedor.
O júbilo adentra o campo de
    batalha.
Não esteja mais lá.
Aguarde o grito da derrota onde ele
    soa mais alto:
no fundo.
Abandone o seu velho posto.

"Submerja novamente..."; "Nada de fama ao vencedor, nada de comiseração com o vencido", inscrição num prato de madeira decorado, Rússia soviética.

Engula a voz, orador.
Seu nome será apagado das lousas.
    Suas ordens
não serão cumpridas. Permita
o surgimento de novos nomes
    na lousa e
o cumprimento de novas ordens
(Você que não mais ordena
não incite à desobediência!)
Abandone o velho posto.

"Permita...", imposição de dureza quase atroz expressa com polidez. Essa polidez é dominadora porque percebemos sua intenção. Ela deve induzir o mais fraco e o menos digno (simplesmente o homem; ao olhá-lo, sentimos nosso próprio coração) a se tornar o maior e o mais importante. É a polidez contida na entrega da corda para o haraquiri, em cujo silêncio ainda há espaço para a compaixão.

Você não satisfez
Você não está pronto
Agora você tem experiência e
    satisfaz
Agora pode começar:
Abandone o posto.

"Agora pode começar..." – o "início" é renovado dialeticamente. Ele não se manifesta no primeiro impulso, mas num fim. A ação? Que o homem deixe seu posto. Começo interior = terminar com algo exterior.

Você, que dispunha dos cargos,
Aqueça o fogão.
Você, que não tinha tempo para
    comer,
Prepare uma sopa.
Você, sobre quem muito foi escrito,
Estude o ABC.
Comece imediatamente:
Assuma o novo posto.

Aquele que apanhou não escapa à
    sabedoria.
Segure-se e afunde! Tenha medo!
    Vamos, afunde! No fundo
A lição o aguarda.
Aquele que perguntou demais
Partilhará do inestimável
ensinamento da massa:
Assuma o novo posto.

"Você, que dispunha..."; aqui aparecem quais forças são liberadas, nas pessoas em questão, pela prática soviética de fazer funcionários circularem pelos mais diversos cargos. A ordem "comece do começo", dialeticamente falando, quer dizer: 1) aprenda, pois você não sabe nada; 2) ocupe-se com as coisas básicas, pois você se tornou sábio o suficiente (pela experiência); 3) você é fraco, foi destituído de seu cargo. Cuide-se para se fortalecer, você tem tempo para isso.

"Vamos, afunde..."; Fatzer deve tomar pé na sua desesperança. Pé, não esperança. Consolo não tem nada que ver com esperança. E Brecht lhe dá consolo: o homem pode viver na desesperança se souber como chegou lá. Então pode viver assim, pois sua vida desesperançada terá importância. Submergir sempre significa: chegar ao fundo das coisas.

2

A mesa está pronta, carpinteiro.
Permita que a levemos.
Pare de aplainá-la.
Cesse a pintura.
Dela, não fale bem nem mal:
Vamos levá-la assim como está.
Precisamos dela.
Entregue-a.

Você está pronto, estadista.
O Estado não está pronto.
Permita que nós o transformemos
Segundo as condições da nossa vida.
Permita que sejamos estadistas,
    estadista.
Entre as leis que preparou
    encontra-se o seu próprio nome.
Esqueça o nome.
Respeite suas próprias leis,
    legislador.

Consinta com a ordem, ordenador.
O Estado não precisa mais de você.
Entregue-o.

"Carpinteiro..." Aqui devemos imaginar um carpinteiro de verdade, que nunca está satisfeito com sua "obra", que não consegue se decidir a entregá-la. Se os escritores tiram férias da "obra" (veja anteriormente), essa atitude também é exigida aqui dos estadistas. Brecht lhes diz: vocês são artesãos, vocês querem transformar o Estado em sua "obra", em vez de saber: o Estado não deve ser uma obra de arte, não deve ter valor eterno, mas deve ser algo útil.

"Entregue-o...", eis o que dizem os Lindberghs a respeito de sua máquina: "Aquilo que fizeram deve ser suficiente para mim". O lema é: aproxime-se da parca realidade (*knapp and die knappe Wirklichkeit*). A pobreza, ensinam os portadores do saber, é um mimetismo que permite se aproximar mais da realidade do que qualquer rico seria capaz.

Um drama familiar no teatro épico[1]

Brecht afirmou que o comunismo é o meio-termo (*das Mittlere*). "O comunismo não é radical. O capitalismo é radical." Reconhecemos o quanto ele é radical por seu comportamento em relação à família, bem como em relação a qualquer outro ponto. Ele se exacerba mesmo quando qualquer intensificação da vida em família acirra o sofrimento de condições humanas indignas. O comunismo não é radical. Por essa razão, não pretende simplesmente eliminar os laços familiares. Ele apenas verifica a capacidade de eles se alterarem. Ele se pergunta: a família pode ser desmontada para que seus componentes recebam outra função social? Esses componentes, entretanto, são menos seus membros do que as relações entre eles. Está claro que não há nenhuma mais importante do que aquela entre mãe e filho. Além disso, entre todos os membros da família, a mãe está socialmente determinada da maneira mais inequívoca: ela produz a descendência. A pergunta da peça brechtiana é: essa função social pode tornar-se revolucionária? E como? Na ordem econômica capitalista, quanto mais imbricado um indivíduo no contexto produtivo, maior sua vulnerabilidade em relação à exploração. Sob as condições atuais, a família é uma organização para a exploração da mulher como mãe. Pelagea Wlassova, "viúva de trabalhador e mãe de trabalhador", é duplamente explorada: primeiro, como pertencente à classe trabalhadora; depois, como mulher e mãe. Aquela que pariu, duplamente explorada, representa os explorados em seu mais profundo aviltamento. Se as mães forem revolucionadas, nada restará a revolucionar. O objeto de Brecht é uma experiência sociológica sobre a transformação revolucionária da mãe. A isso se liga uma série de simplificações, que não são de natureza da agitação, mas da construção. "Viúva de trabalhador e mãe de trabalhador", eis a primeira simplificação. Pelagea Wlassova é mãe de apenas um trabalhador e está, de certo modo, em contradição com o conceito original da mulher proletária (*proles* significa descendência). Essa mãe tem apenas um

---

[1] Por ocasião da estreia de *A mãe*, de Brecht.

filho. Ele basta. Está claro que com essa única alavanca ela consegue acionar o interruptor que canaliza suas energias maternais para toda a classe trabalhadora. Em casa, sua tarefa é cozinhar. Depois de produzir um homem, ela passa a ser a reprodutora da força de trabalho dele. Mas já não há o suficiente para tal reprodução. O filho tem apenas um olhar de desdém para a comida servida. Com que facilidade o olhar machuca a mãe. Ela não consegue resolver a situação, pois ainda não sabe que "a decisão sobre a carne que falta na cozinha não é tomada na cozinha". Os folhetos que ela vai distribuir devem dizer isso ou algo parecido. Ela o faz não para ajudar o comunismo, mas apenas seu filho, que foi sorteado para distribuí-los. É o início do trabalho dela para o partido. E eis que ela transforma a inimizade que ameaçava se desenvolver entre mãe e filho em inimizade contra o inimigo de ambos. Tal atitude de mãe também é o único gesto útil de ajuda, que, retraçado até sua casa verdadeira e original (as dobras da saia da mãe), ao mesmo tempo se investe socialmente – como solidariedade dos explorados – da convicção animal que possui naturalmente. A mãe percorre o caminho da primeira à última ajuda: o da solidariedade da classe trabalhadora. Seu discurso para as mães diante da doação de cobre não é pacifista; é um apelo revolucionário àquelas que, ao trair o interesse dos fracos, também traem o interesse de seus filhos, de sua "ninhada". Então, a mãe chega ao partido primeiro pela ajuda; a teoria vem depois. Essa é a segunda simplificação construtiva. Essas simplificações têm por objetivo enfatizar a simplicidade de suas lições. É da natureza do teatro épico que a oposição não dialética entre forma e conteúdo da consciência (que faz com que a personagem dramática só possa se referir a sua ação por meio de reflexões) seja substituída pela oposição dialética entre teoria e prática (que faz com que a ação, em seus pontos de ruptura, permita vislumbrar a teoria). Por essa razão, o teatro épico é o teatro do herói surrado. O herói não surrado não se transforma em pensador: eis a reescrita possível, pelo dramaturgo, de uma máxima pedagógica dos antigos épicos. Há uma característica especial nos ensinamentos e nas explicações de seu próprio comportamento, com os quais a mãe preenche os tempos de seus fracassos ou de espera (para o teatro épico, não há diferença aí). Ela os canta. Ela canta: o que se fala contra o comunismo? Ela canta: aprenda, mulher de sessenta anos; ela canta: louve a terceira causa. E ela canta na condição de mãe. São cantigas de ninar. Cantigas de ninar do comunismo pequeno e fraco, porém em crescimento irrefreável. Como mãe, ela assumiu esse comunismo; mas agora vê-se que o comunismo a ama como só se ama à mãe – não por sua beleza, seu prestígio ou sua excelência, mas como a inesgotável fonte de auxílio;

porque ela representa o auxílio em sua nascente, onde ele ainda jorra limpo; onde ele ainda é prático e não é falso, e, por isso, pode ser dirigido de maneira ilimitada àquilo que necessita de seu auxílio irrestrito: ou seja, o comunismo. A mãe tornou-se a prática encarnada. Na hora de fazer o chá, de embrulhar os pãezinhos, de visitar o filho preso, fica claro que toda ação da mãe serve ao comunismo; na hora das pedradas que a acertam e das coronhadas que leva dos policiais, fica claro que nenhuma violência contra ela adianta. A mãe tornou-se a prática encarnada. Isso quer dizer que nela só se encontra confiança, nenhum entusiasmo. E a mãe não seria confiável se no começo não tivesse objetado ao comunismo. Mas – e eis o ponto decisivo – suas objeções não são as dos interessados, e sim as do saudável senso comum. "É necessário, por isso não é perigoso" – não podemos nos dirigir à mãe com frases assim. Tampouco com utopias: "A fábrica é do sr. Suchlinow ou não? Então?!". Entretanto, é possível explicar a ela que a propriedade dele é limitada. E assim ela caminha, passo a passo, rumo a um saudável senso comum: "Se vocês brigarem com o sr. Suchlinow, o que a polícia tem que ver com isso?". E esse passo a passo do saudável senso comum, que é o contrário do radicalismo, leva a mãe à frente das manifestações de maio, nas quais é surrada. É o que se passa com a mãe. Agora chegou o momento de inverter as posições, de perguntar: a mãe está no comando, mas e o filho? Pois é o filho quem lê livros e se prepara para a chefia. São os quatro – mãe e filho, teoria e prática – que se reagrupam; brincam de trocar de lugar. No momento crítico, com o saudável bom senso assumindo o comando, a teoria é apenas boa o suficiente para cuidar da casa. Daí o filho tem de cortar o pão, enquanto a mãe, que não sabe ler, faz impressões; daí a urgência da vida cessa de organizar as pessoas segundo os sexos; daí há um mural na moradia proletária, criando um espaço entre a cozinha e a cama. Quando o Estado é posto de pernas para o ar na procura por um copeque, algumas coisas têm de mudar na família, e não é possível evitar que no lugar da noiva – que corporifica o ideal do futuro – apareça a mãe, que confirma Marx e Lênin com a experiência de uma mulher de quarenta anos. Pois a dialética não precisa de distâncias brumosas: está em casa dentro das quatro paredes da prática, e, em pé na soleira do momento, recita as palavras que encerram *A mãe*: "E o nunca se tornará ainda hoje!".

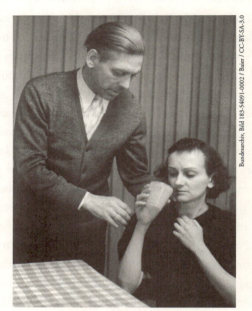

Grupo teatral formado em círculo de trabalhadores de Berlim Oriental encena esquete de *Terror e miséria do Terceiro Reich*, em 1958.

O país em que o proletariado não pode ser mencionado[1]

Apenas o drama político pode ser assunto apropriado para o teatro da emigração. A maioria das peças que há dez ou quinze anos havia reunido um público político na Alemanha acabou ultrapassada pelos acontecimentos*. O teatro da emigração tem de recomeçar desde o início; é preciso reconstruir não apenas seu palco, mas também sua dramaturgia.

O senso dessa situação histórica reinou entre o público parisiense na estreia de partes de um novo ciclo dramático de Brecht. Pela primeira vez o público dramático reconheceu-se como tal. Mirando esse novo público e essa nova situação do teatro, Brecht, por sua vez, introduziu uma nova forma dramática. Ele é especialista em começar do começo. Nos anos 1920 até 1930, testou incansavelmente – sempre do início – o drama em relação ao exemplo da história contemporânea. Dessa feita, acolheu inúmeras formas de teatro e as mais diversas formações de público. Trabalhou tanto para o teatro de tribuna quanto para a ópera, e expôs seus produtos diante tanto dos proletários berlinenses quanto da vanguarda burguesa do Ocidente.

Ou seja, Brecht, como nenhum outro, recomeçou sempre do início. Ademais, nisso reconhecemos o dialético. (Em todo mestre da arte há um dialético.) Gide disse: faça com que o ímpeto alcançado uma vez nunca beneficie seus próximos trabalhos. Brecht agiu segundo essa máxima, levando-a em consideração principalmente nas peças novas que são destinadas ao teatro da emigração.

Resumindo: a partir dos ensaios (*Versuche*) dos anos anteriores, criou-se um padrão determinado, fundamentado, do teatro brechtiano – o teatro épico. Com essa denominação, ele se contrapôs ao teatro dramático em sentido estrito, cuja primeira teoria foi formulada por Aristóteles. Por essa razão, Brecht

---

[1] Por ocasião da estreia de oito peças de ato único de Brecht.
* O autor escreve este texto em 1938, quando a Alemanha já se encontrava sob o regime nazista. (N. E.)

apresentou sua própria teoria como "não aristotélica" – da mesma maneira que Riemann introduziu a geometria "não euclidiana". No caso de Riemann, o axioma das paralelas foi abandonado; na nova dramaturgia, ficou de fora a "limpeza" aristotélica, o extravasamento dos afetos pela empatia no alvoroçado destino dos heróis. Um destino que tem o movimento de uma onda que carrega o público consigo. (A famosa "peripécia" é a crista da onda, que ao quebrar rola adiante, até o final.)

O teatro épico, por sua vez, avança aos trancos, como os fotogramas de uma película de filme. Sua forma básica é a do choque, resultado do embate das situações individuais, claramente diferenciadas. As canções, os letreiros no cenário, as convenções gestuais dos atores distinguem essas situações umas das outras. Dessa maneira, surgem intervalos em todos os lugares, que acabam por prejudicar a ilusão do espectador. Esses intervalos estão reservados para seu posicionamento crítico, sua reflexão. (O teatro clássico francês agia de modo semelhante, abrindo espaços entre os atores para os espectadores de elevada condição social, que ocupavam poltronas em cena aberta.)

Esse teatro épico neutralizou posições decisivas do teatro burguês com o auxílio de uma direção superior a esse último no que se refere ao método e à precisão. De todo modo, foi uma conquista caso a caso. O teatro épico ainda não estava tão estabelecido, seu círculo de formandos ainda não era tão amplo, para que pudesse ter sido construído na emigração. Essa noção está na base do novo trabalho de Brecht.

Terror e miséria do Terceiro Reich é um ciclo formado por 27 atos únicos, montados segundo os preceitos da dramaturgia tradicional. Às vezes, o dramático espouca feito flash de magnésio no final de um evento supostamente idílico. (Quem entra pela porta da cozinha são os homens da *Winterhilfe**
com um saco de batatas para um lar modesto; quem sai por ela são os homens da SA, ladeando a filha presa.) Em outro momento, ocorre uma intriga completa. (Como em "A cruz de giz", em que o proletário astutamente descobre um truque da SA, usado pelos cúmplices da Gestapo para combater o trabalho dos clandestinos.) Por vezes é a própria contradição nas relações sociais que se apresenta em sua tensão dramática no palco, quase sem transposição. (Durante a ronda que têm de fazer no pátio da prisão, sob o olhar do vigia, dois presos sussurram entre si; ambos são padeiros; um está atrás das grades

---

* Campanha de doação de roupas e alimentos promovida pelo governo nazista no inverno que, de voluntária, progressivamente passou a ser realizada sob coação. (N. T.)

porque não colocou farelo no pão; o outro foi aprisionado um ano depois porque misturou farelo na massa.)

Essa e outras peças foram apresentadas pela primeira vez em 21 de maio [de 1938], com a direção muito bem pensada de S.[latan] Th.[eodor] Dudow, diante de um público que as acompanhou com apaixonado interesse. Após cinco anos de exílio, aquilo que era comum à plateia na experiência política finalmente estava sendo aludido no palco. Steffie Spira, Hans Altmann, Günter Ruschin, Eric Schoenlank – atores que ainda não haviam apresentado toda sua força em números solo do cabaré político – conseguiram alinhar-se uns aos outros e mostraram quão acertadamente fizeram uso das experiências que (em sua maioria) obtiveram nove meses antes, com *Os fuzis da sra. Carrar*, de Brecht.

Helene Weigel fez jus à tradição que perdurou, apesar de tudo, desde os primeiros anos do teatro brechtiano até hoje. Ela conseguiu preservar a autoridade do padrão europeu alcançado por sua arte dramática. Adoraríamos tê-la assistido no último ato do ciclo, o "Plebiscito"; no papel de mulher proletária – que evoca sua atuação inesquecível em *A mãe* –, ela mantém vivo o espírito do trabalho clandestino nos tempos da perseguição.

O ciclo representa uma chance política e artística para o teatro alemão da emigração, pela primeira vez tornando palpável sua necessidade. Ambos os momentos, o político e o artístico, tornam-se um só. Na realidade, é fácil reconhecer que a representação de um membro da SA ou do Tribunal do Povo é uma tarefa de significado bem diferente para um ator emigrado do que, por exemplo, a da representação de Iago por um ator de bom coração. No caso do primeiro, a empatia (*Einfühlung*) certamente não é um procedimento adequado; da mesma maneira, não é possível a nenhum combatente político demonstrar "empatia" com o assassino de seus companheiros. Outra maneira de representação – a épica – aqui poderia encontrar nova legitimação e lograr novo êxito.

O ciclo exerce sobre o público leitor – e aqui também se apresenta um elemento épico – uma atração não menor do que sobre o público espectador. O teatro, sem dispor dos meios dificilmente mobilizáveis nas condições postas, terá de contentar-se com uma seleção mais ou menos restrita do ciclo. Tal seleção pode sofrer objeções críticas, e isso vale também para a encenação parisiense. Nem todos os espectadores compreenderam o que se coloca para o *leitor* como a tese decisiva de todas essas peças breves. Seria possível formulá-la com uma frase do profético *O processo*, de Kafka: "A mentira se transformará na ordem mundial".

Cada uma dessas peças breves aponta o seguinte: de que maneira inevitável o regime de terror, que se vangloria diante dos países intitulando-se Terceiro Reich, mantém forçosamente todas as relações humanas sob os preceitos da mentira. A declaração sob juramento diante do tribunal é mentira ("Em busca da justiça"); a ciência que ensina frases cujo uso não é permitido é mentira ("Doença profissional"); o que se imputa à opinião pública é mentira ("Plebiscito"); e o que se sussurra no ouvido do moribundo também é mentira ("O sermão da montanha"). É mentira aquilo que se comprime, como se por pressão hidráulica, entre a fala do marido e a da mulher no último minuto de sua vida em comum ("Mulher judia"); é mentira a máscara que a própria compaixão usa quando ainda ousar dar um sinal de vida ("A serviço do povo"). Estamos no país onde o nome do proletariado não pode ser dito. Brecht mostra que nesse país o camponês não consegue mais dar de comer a seus animais sem colocar em jogo a "segurança do Estado" ("O camponês dá de comer à porca").

A verdade, que algum dia consumirá esse Estado e sua organização como um fogo purificador, ainda é uma pequena faísca. Ela se alimenta da ironia do trabalhador que desmente diante do microfone as mentiras que o apresentador põe em sua boca; essa faísca é avivada pelo silêncio daqueles que não podem se encontrar, exceto na maior circunspecção, com um companheiro que passou por um martírio; e o folheto sobre a consulta pública cujo texto é somente um "NÃO", não é outra coisa senão essa pequena faísca brilhante.

Tomara que a obra logo esteja disponível em forma de livro. Ao teatro, ela ofereceu todo um repertório. O leitor assimila um drama no sentido que [Karl] Kraus criou em *Os últimos dias da humanidade*. Talvez apenas esse tipo de drama permita carregar a atualidade ainda em brasa, de modo a alcançar a posteridade como um testemunho férreo.

Comentários sobre poemas de Brecht

Sobre a forma dos comentários

Sabemos que um comentário é diferente de um parecer equilibrado que distribui luzes e sombras. O comentário parte do caráter clássico de seu texto e, de certo modo, de uma espécie de pré-julgamento. Além do mais, diferencia-se do parecer ao se ater à beleza e ao conteúdo positivo de seu texto. E uma circunstância muito dialética demanda que o comentário, essa forma arcaica – e ao mesmo tempo autoritária –, esteja a serviço de uma poética que não tem nada de arcaico em si e que também enfrenta algo hoje reconhecido como autoritário.

Tal circunstância coincide com aquilo que uma velha máxima da dialética tem em vista: superação de dificuldades por meio de seu acúmulo. A dificuldade a ser superada aqui está em ler poesia (*Lyrik*) em geral. Como fazer isso, supondo essa dificuldade igual à de ler um texto desses como se fosse um texto já muito questionado, adensado pelo peso de ideias – resumindo, como se fosse um texto clássico? Como fazer isso – ao pegar o touro à unha e levar em consideração a circunstância especial de que a dificuldade de ler poesia hoje corresponde exatamente à dificuldade de escrever poesia hoje –, supondo que, ao nos lançarmos à empreitada de ler poesia como se fosse um texto clássico, escolhemos uma *antologia contemporânea de poesia*?

Se algo pode nos encorajar nesse sentido, então é a compreensão de que hoje também se colhe a coragem do desespero: a de que já o dia de amanhã pode significar uma destruição enorme a ponto de nos imaginarmos separados, por séculos, de textos e produtos passados. (O comentário que hoje parece colado demais ao texto amanhã pode mostrar dobras clássicas. Onde sua precisão pode parecer quase indecente, amanhã o mistério talvez se restabeleça novamente.)

É possível que o comentário a seguir desperte interesse de outra maneira. A leitura atenta de uma coletânea de poemas de Brecht pode ser surpreendente às pessoas que consideram que o comunismo carrega o estigma da unilateralidade. É claro que não podemos nos privar, nós mesmos, dessa surpresa – o que seria o caso se enfatizássemos apenas o "desenvolvimento" da lírica de Brecht, de *Breviário doméstico* (*Hauspostille*) até *Poemas de Svendborg* (*Svendborger Gedichten*). A atitude associal de *Breviário doméstico* torna-se social em *Poemas de Svendborg*. Mas não se trata exatamente de uma conversão. Aquilo que se glorificou um dia não é queimado. É preciso apontar para o que há de comum nas coletâneas de poesias. Entre suas múltiplas atitudes, há *uma* que se procura em vão: trata-se da apolítica, não social. O comentário pretende iluminar conteúdos políticos em partes puramente líricas.

Sobre *Breviário doméstico*

O título *Breviário doméstico* nos parece irônico. Sua mensagem não vem do Sinai nem dos Evangelhos. Sua fonte de inspiração é a sociedade burguesa. Os ensinamentos que o leitor retira dele diferenciam-se o máximo possível dos ensinamentos que ele próprio dissemina; *Breviário doméstico* concerne apenas aos primeiros. Se a anarquia triunfa, pensa o poeta, se as leis da vida burguesa estão a ela ligadas, que seja então chamada pelo nome. E as formas poéticas com as quais a burguesia ludibria de maneira lúdica sua existência também não lhe são sagradas o suficiente para não serem usadas a fim de descrever sua dominação de maneira veraz. O coral que edifica a comunidade, a canção popular que deve apascentar o povo, a balada patriótica que acompanha o soldado ao abatedouro, a canção de amor que oferece o consolo mais barato – a tudo isso é acrescido um novo conteúdo, na medida em que o homem irresponsável e associal fala dessas coisas (de Deus, do povo, da pátria e da noiva) da maneira como devem ser faladas diante de homens irresponsáveis e associais: sem vergonha, falsa ou verdadeira.

Sobre *Canções de Mahagonny*[1]

Canção de Mahagonny n. 2

Em Mahagonny eram precisos
Cinco dólares por dia
Mas, para entrar mesmo na festa,
Precisa pagar extra.

---

[1] "Ascensão e queda da cidade de Mahagonny", em Bertolt Brecht, *Teatro completo* (trad. Luiz Antônio Martinez Corrêa e Wolfgang Bader, versif. Wira Selarski, Rio de Janeiro, Paz e Terra, 1988, coleção Teatro Completo).

E passavam o dia inteiro
Apostando seu dinheiro,
Quase sempre para perder.
Mas isso lhes dava prazer.

1
Sobre o mar e sobre a terra
A pele humana é um produto cotado
Todo mundo vai então para o mercado
E vende a pele do irmão,
Pois a pele sempre se transforma em cifrão.
  Em Mahagonny eram precisos
  Cinco dólares por dia
  etc.

2
Sobre o mar e sobre a terra
O consumo de pele fresca é incrível.
Vai sempre um pouco de carne junto. Coisa chata.
Mas quem pagará seus pileques?
Whisky é caro e pele é barata.
  Em Mahagonny eram precisos
  Cinco dólares por dia
  etc.

3
Sobre o mar e sobre a terra
Moinhos de Deus nós vemos girar*
Os homens todos se põem a seu lado
Da venda de peles fazem mercado
Querem moleza, sem nada pagar.
Quem não arrisca não petisca,
Não precisa de cinco dólares,

---

* Brecht aproveitou algumas *Canções de Mahagonny* em sua peça *Ascensão e queda da cidade de Mahagonny*. Os quatro versos do intervalo "Moinhos de Deus [...] sem nada pagar" não constam na peça (da qual usamos a tradução) e foram vertidos aqui por Tercio Redondo. (N. T.)

Casa com mulher que presta,
Não precisa pagar extra.
Mas todo mundo se arriscou,
No botequim de Deus se sentou.
Ganham agora para valer
Nada mais lhes dá prazer.

Canção de Mahagonny n. 3

Numa manhã cinzenta,
Em pleno whisky,
Deus veio a Mahagonny.
Em pleno whisky,
Nós vimos Deus em Mahagonny.

1
Vocês bebem como esponjas
Durante o ano inteiro o meu trigo?
Ninguém acreditava que eu vinha.
E agora, qual vai ser o castigo?
Se olharam os homens de Mahagonny.
É, disseram os homens de Mahagonny,
    Numa manhã cinzenta,
    Em pleno whisky,
    etc.

2
Vocês riem na sexta-feira?
Eu vi Mary Weemann boiar
No lago que nem um bacalhau,
E, meus senhores, ela não vai mais secar!
Se olharam os homens de Mahagonny.
É, disseram os homens de Mahagonny.
    Numa manhã cinzenta,
    Em pleno whisky,
    etc.

3
Vocês conhecem essas balas?
Andam matando meu bom missionário?
Acham que eu recebo no céu
Alma de bêbado salafrário?
Se olharam os homens de Mahagonny.
É, disseram os homens de Mahagonny.
    Numa manhã cinzenta,
    Em pleno whisky,
    etc.

4
Vão todos para o inferno!
Apaguem o charuto, seus veados!
Coluna por um! Cobrir! Marchar!
Quero ver todos assados!
Se olharam os homens de Mahagonny.
Sim, disseram os homens de Mahagonny.
    Numa manhã cinzenta,
    Em pleno whisky,
    Você veio a Mahagonny,
    Em pleno whisky,
    Botando banca em Mahagonny!

5
Ninguém sai do lugar!
Greve geral! Nós não vamos!
Você para o inferno não pode nos mandar.
Pois no inferno já estamos.
Se olharam os homens de Mahagonny.
Não, disseram os homens de Mahagonny.

    Os "homens de Mahagonny" formam um grupo excêntrico. Somente homens são excêntricos. Apenas em sujeitos dotados por natureza com a potência masculina é possível demonstrar até que grau os reflexos naturais do ser humano são embotados por sua existência na sociedade atual. O excêntrico não passa de um homem mediano desgastado. Brecht juntou vários num grupo. Suas reações são as menos nítidas que se possa imaginar, e eles só as conseguem produzir como um coletivo. A fim de reagir, é preciso que se sintam uma "massa compacta" – eis também aqui o espelho do homem comum; do pequeno-burguês, aliás. Os "homens de Mahagonny" olham uns para os outros antes de se expressar. A afirmação que se segue está na linha da menor resistência. Os "homens de Mahagonny" limitam-se a dizer "sim" a tudo que Deus lhes informa, que Deus lhes pergunta ou que Deus lhes impõe. Segundo Brecht, é dessa maneira que deve ser constituído o coletivo que aceita Deus. Esse mesmo Deus é um deus reduzido.

Nós vimos Deus.

A formulação, no refrão da terceira canção, aponta para isso, e sua última estrofe reforça a ideia.

A primeira concordância está na afirmação:

Ninguém acreditava que eu vinha.

Mas é evidente que o efeito surpresa também não aviva as reações embotadas do grupo de Mahagonny. De maneira semelhante, mais tarde os homens atinam que sua pretensão de chegar ao céu não será prejudicada por terem atirado no missionário. Na quarta estrofe, descobre-se que a visão de Deus é diferente.

Coluna por um! Cobrir! Marchar!

Eis a articulação; falando dramaturgicamente, o peripatetismo do poema. Com sua ordem, Deus cometeu um deslize. A fim de medir sua extensão, é preciso observar melhor "Mahagonny", apresentada na estrofe final da segunda canção de Mahagonny. A partir das imagens dessa localidade, o poeta se refere a sua época.

Mas todo mundo se arriscou,
No botequim de Deus se sentou.

O adjetivo "barato" (*billig*) carrega muitos significados*. Por que o botequim é barato? É barato porque lá as pessoas são convidadas de Deus a um preço baixo. É barato porque as pessoas consentem (*billigen*) com tudo lá dentro. É barato porque é justo que as pessoas entrem lá. O botequim barato de

---

* Os versos originais são: "*Aber heute sitzen alle / In des lieben Gottes billigem Salon*". Em tradução literal: "Mas hoje todos estão sentados / No salão barato de Deus". O adjetivo *billig* pode significar: "barato", "de baixa qualidade", "superficial"; "adequado", "justo". *Billigen* (verbo) significa "aprovar", "consentir". (N. T.)

Deus é o inferno. A expressão tem a força das imagens de doentes mentais. É assim – como um bar barato – que o homem insignificante, tornado louco, facilmente imagina o inferno, que é o pedaço de céu que lhe cabe. (Abraão de Santa Clara poderia falar do "barato bar de Deus".) Porém, em seu bar barato, Deus se juntou aos fregueses habituais. Sua ameaça de mandá-los ao inferno não tem mais valor do que a de expulsar os clientes feita pelo dono do bar.

Os "homens de Mahagonny" compreenderam isso. Não são tão desmiolados a ponto de se impressionar com a ameaça do inferno. A anarquia da sociedade burguesa é infernal. Para as pessoas que nela se meteram, simplesmente não há nada que as aterrorize mais.

Nós não vamos!
Você para o inferno não pode nos mandar.
Pois no inferno já estamos.

Diz a terceira canção de Mahagonny. A diferença entre o inferno e essa ordem social é a de que no pequeno-burguês (no excêntrico), a diferença entre a própria alma pobre e o diabo é fluida.

Sobre o poema "Contra a sedução"

Contra a sedução*

1
Não vos deixeis seduzir!
Retorno nenhum haverá.
O dia está por um triz,
A viração assim o diz.
E o amanhã não mais virá.

2
Não vos deixeis enganar!
A vida não dura nada.
Aspirai-a de peito aberto!
Surpresos sereis decerto
Quando a virdes terminada.

---

*   Tradução do poema por Tercio Redondo. (N. E.)

3
Não vos deixeis consolar!
É pouco o tempo que resta!
O mofo ao redimido!
A vida é prazer decidido:
Tomai assento na festa.

4
Depois nada virá
Servidão, sorte má!
Que mais então temeis?
Com os bichos morrereis
Depois nada virá.

 O poeta cresceu numa localidade de população majoritariamente católica; entretanto, os trabalhadores das grandes fábricas já se misturavam aos elementos pequeno-burgueses que se situavam no entorno da cidade. Isso explica a atitude e o vocabulário do poema "Contra a sedução". As pessoas eram alertadas pelos religiosos contra as tentações, pelas quais pagariam caro numa segunda vida, aquela após a morte. O poeta as alerta contra seduções pelas quais elas pagam caro nesta vida. Ele nega a existência de uma segunda vida. Seu alerta não é menos festivo do que os dos religiosos; suas assertivas são igualmente categóricas. Como os religiosos, ele também faz uso do termo "sedução" (*Verführung*) de maneira absoluta, sem complementos; ele assume sua tonalidade edificante. O tom elevado do poema pode fazer com que algumas passagens que permitem diversas interpretações e contêm belezas ocultas sejam negligenciadas na leitura.
 Retorno nenhum haverá.
 Primeira interpretação: não sejam tentados pela crença de que há um retorno. Segunda interpretação: não cometam erros, a vida só lhes é dada uma vez.
 O dia está por um triz
 Primeira interpretação: o dia está para ir embora. Segunda interpretação: em meio a sua plenitude (mesmo assim, já se sente o vento da noite).
 E o amanhã não mais virá.*
 Primeira interpretação: não há o dia de amanhã. Segunda interpretação: a última palavra não é a da madrugada, mas a da noite.

---

* No original alemão, usou-se o termo *morgen*, que significa tanto "manhã" como "amanhã". (N. T.)

A vida não dura nada.

"*Daß Leben wenig ist*" [Que a vida não dura nada], versão da edição particular da Kiepenheuer, diferencia-se em dois pontos da versão da edição publicada posteriormente, "*Das Leben wenig ist*" [A vida não dura nada]. A primeira diferença é que ela define completamente o verso inicial da estrofe "Não vos deixeis consolar", na medida em que nomeia a tese dos farsantes: a de que a vida é coisa pouca. A segunda diferença é perceber que o verso "A vida não dura nada" expressa de maneira incomparável a miséria da vida, enfatizando a exortação de não permitir nenhuma subtração dela.

Tomai assento na festa.

[No original, "*Es steht nicht mehr bereit*", "ela não está mais à disposição".]*

Primeira interpretação: "Ela não está *mais* à disposição" ["*Es steht nicht mehr bereit*"] não acrescenta nada ao verso anterior, "A vida é prazer decidido" [no original, "*Das Leben ist am größten*", "A vida é maior"]. Segunda interpretação: "Ela não está mais à *disposição*" ["*Es steht nicht mehr* bereit"] – vocês quase já perderam essa grande chance. A vida de vocês não está mais à disposição; já começou a ser consumida e colocada em jogo.

O poema faz com que sejamos abalados pela brevidade da vida. É bom lembrar que a palavra "comoção" ["*Erschütterung*"; outras acepções: "sacudida", "desestabilização" e afins] contém a palavra "ralo" ["*schütter*"; outra acepção: "fraco"]. No lugar onde algo colapsa, surgem trincas e vazios. Como se nota pela análise, o poema tem inúmeros trechos em que as palavras se combinam com seu sentido de maneira lábil e solta. Isso intensifica o efeito desestabilizador do poema.

Sobre o poema "Dos pecadores no inferno"

Dos pecadores no inferno**

1
No inferno os pecadores
Ardem mais do que se pensa
Nossas lágrimas, porém,
Aliviam sua sentença.

---

* *Laßt euch nicht vertrösten! / Ihr habt nicht zu viel Zeit! / Laßt Moder den Erlösten! / Das Leben ist am größten: / Es steht nicht mehr bereit.*

** Tradução do poema por Tercio Redondo. (N. E.)

2
Todavia os que mais queimam
Nenhum pranto obtêm
No fim de semana devem
Mendigar o dó de alguém.

3
Os seus corpos ninguém vê
O vento os atravessa.
Sob o sol não deixam sombra
Vão sumindo bem depressa.

4
Lá está o Müllereisert
Que na América morreu
Sua noiva não o sabe
Nenhum choro o acolheu.

5
Caspar Neher está visível
Enquanto o dia durar
Nenhuma lágrima vem
O seu túmulo regar.

6
Chega enfim George Pfanzelt
Um sujeito azarado
Costumava ele pensar
Que era homem maldotado.

7
Mais adiante está Marie
Que apodrece no hospital
Ninguém chora seu tormento
Mas pra ela é tudo igual.

8
Sob o lume vê-se Brecht
Ao muro onde mija o cachorro
Está no céu, todos pensam,
Por isso não ganha seu choro.

9
Agora queima no inferno
— Meus irmãos, chorai por mim!
Senão vai restar junto ao muro
Dias e dias sem fim.

Esse poema mostra com bastante clareza de quão longe vem o poeta de *Breviário doméstico* e como ele, saído de muito longe, trata de maneira descontraída o que lhe é mais próximo. O mais próximo é o folclore bávaro. O poema recita os amigos no fogo do inferno como a capelinha ao longo da estrada recomenda aos passantes uma súplica para os que morreram sem os últimos sacramentos. Mas o poema que parece tão limitado é, na verdade, de muito longe. Sua ascendência é a do lamento, uma das maiores formas de literatura na Idade Média. Podemos dizer que ele se volta ao antigo lamento a fim de expressar um lamento sobre algo muito atual: que hoje nem mais o lamento existe.

Lá está o Müllereisert
Que na América morreu
Sua noiva não o sabe
Nenhum choro o acolheu.

O poema, entretanto, não propriamente lamenta essa falta de lágrimas. Também não é possível supor a morte de Müllereisert, porque, segundo as "instruções", essa parte do livro está dedicada a ele, não a sua memória.

A capelinha erigida aqui representa os citados amigos no fogo do inferno; ao mesmo tempo, porém (as duas coisas podem ser unidas no poema), ele se dirige aos passantes a fim de lhes recordar que não esperem nenhum tipo de intercessão. O poeta lhes explica isso com toda a sobriedade. Mas essa sobriedade não se mantém fiel a ele. Chega o ponto em que o poeta fala da própria pobre alma, que é o epítome do abandono. Ela está sob o sol, ainda por cima numa tarde de domingo e junto a uma pedra à qual se amarram os cães; talvez uma pedra na qual os cães urinam. Isso é algo tão familiar à pobre alma quanto a mancha úmida na parede da cela é ao prisioneiro. A brincadeira deve terminar com o poeta; e, depois de ter demonstrado tanto menoscabo, ele pede – com menoscabo, é claro – lágrimas.

Sobre o poema "Do pobre B. B."

Do pobre B. B. *

1
Eu, Bertolt Brecht, venho das florestas negras.
Minha mãe trouxe-me às cidades
Quando ainda estava em seu ventre. E o frio das florestas
Seguirá comigo até a morte.

2
Na cidade de asfalto, sinto-me em casa. Desde sempre
Provido dos últimos sacramentos:
De jornais. E tabaco. E aguardente,
Desconfiado e preguiçoso e, no fim das contas, feliz.

3
Sou gentil com as pessoas. Trago
Um chapéu rígido como esses que elas usam.
Digo: elas são animais de cheiro mui peculiar
E digo: não faz mal, também o sou.

4
De manhã faço sentar algumas mulheres em
Minhas vazias cadeiras de balanço e,
Observando-as despreocupadamente, digo:
Em mim vocês deparam um tipo com que não podem contar.

5
À noitinha reúno alguns homens em torno de mim
Tratamo-nos por "cavalheiros"
Eles põem os pés em cima de minha mesa
E dizem: a coisa vai melhorar para nós. E não pergunto: quando?

---

* Tradução do poema por Tercio Redondo. (N. E.)

6
De manhã, os pinheiros mijam à luz cinzenta
E seus parasitas, os pássaros, começam a gritar.
Nessa hora esvazio meu copo na cidade e jogo
Fora a ponta do charuto e durmo intranquilo.

7
Acomodamo-nos, espécie ligeira,
Em casas tidas por indestrutíveis
(Assim fabricamos as altas caixas da ilha de Manhattan
E as delgadas antenas que entretêm o Atlântico).

8
Destas cidades restará: aquele que as atravessa, o vento!
A casa alegra aquele que come: ele a esvazia.
Sabemos que somos efêmeros
E depois de nós virá: nada digno de nota.

9
Nos terremotos que virão, espero não deixar
Que meu *virginia* se apague por amargura
Eu, Bertolt Brecht, arrastado das florestas negras
Para as cidades de asfalto, dentro de minha mãe, há muito tempo.

Eu, Bertolt Brecht, venho das florestas negras.
Minha mãe trouxe-me às cidades
Quando eu ainda estava em seu ventre. E o frio das florestas
Seguirá comigo até a morte.
Faz frio nas florestas, nas cidades não pode ser ainda mais frio. Já no ventre da mãe, o poeta passava tanto frio quanto nas cidades de asfalto onde ele iria viver.
Nessa hora esvazio meu copo na cidade e jogo
Fora a ponta do charuto e durmo intranquilo.
Essa inquietação talvez se deva ao sono que relaxa os membros e promove descanso. Será que ele serve melhor ao que dorme do que o ventre da mãe serve àquele que ainda não nasceu? Provavelmente não. Nada torna o sono tão inquieto quanto o temor de acordar.

(Assim fabricamos as altas caixas da ilha de Manhattan
E as delgadas antenas que entretêm o Atlântico.)

Certamente não é com música e com jornal falado que as antenas "entretêm" o oceano Atlântico, mas com ondas curtas e longas, com os processos moleculares que são a configuração física do rádio. Nesse verso, desdenha-se do uso dos meios técnicos pelos homens atuais dando-se de ombros.

Destas cidades restará: aquele que as atravessa, o vento!

Se o vento que passa por essas cidades nelas ficar, não será mais o vento antigo que desconhecia as cidades. As cidades com seu asfalto, suas ruas e muitas janelas passarão a morar no vento depois de destruídas e devastadas.

A casa alegra aquele que come: ele a esvazia.

Aqui, aquele que come representa o destruidor. Comer não significa apenas nutrir-se, significa também morder e destruir. O mundo se simplifica enormemente quando não é examinado pelo que dele pode ser fruído, mas por aquilo nele que é digno de ser destruído. Esse é o laço que mantém em harmonia tudo o que existe. A visão dessa harmonia torna o poeta feliz. Ele é aquele que come com as mandíbulas de ferro, que esvazia a casa do mundo.

Sabemos que somos efêmeros
E depois de nós virá: nada digno de nota.

"Efêmeros" (*Vorläufige*) – talvez fossem "precursores" (*Vorläufer*); mas como poderiam, se não são seguidos por nada digno de nota? Não é tanto sua culpa se passarão à história sem nome e sem fama. (Dez anos mais tarde, o poema subsequente, "An die Nachgeborenen" [Aos que vierem depois], retoma um pensamento similar.)

Eu, Bertolt Brecht, arrastado das florestas negras
Para as cidades de asfalto, dentro de minha mãe, há muito tempo.

O acúmulo de preposições de lugar – três em duas linhas – deve levar a um efeito incomum de estranhamento. A determinação temporal no fim da frase, "há muito tempo" – que deve ter perdido a conexão com o tempo atual – reforça a impressão de derrelição. O poeta fala como se estivesse exposto já no ventre da mãe.

Quem leu esse poema passou pelo poeta como por um portão sobre o qual se leem as iniciais B. B. desgastadas pelas intempéries. O poeta quer reter tão pouco os leitores quanto o portão com os passantes. O portão talvez tenha sido arqueado há séculos: ainda se mantém de pé porque não está no caminho de ninguém. Fora do caminho das pessoas, B. B. honraria seu nome, o *pobre* B. B. Nada muito essencial pode acontecer para aquele que não está no caminho de ninguém e que não tem nenhuma importância – a não ser que decida colocar-se no caminho e ter importância. Os ciclos posteriores atestam essa decisão. Sua causa é a luta de classes. Melhor lutará por sua causa aquele que começou por se deixar cair.

Sobre *Estudos*

O título *Estudos* apresenta menos os frutos de uma férrea aplicação do que um *otium cum dignitate*. Assim como a mão do gravador, mesmo sem se mexer, brinca de segurar as figuras na borda da placa, nas margens da obra de Brecht estão fixadas imagens de tempos passados. Ao erguer os olhos de seu trabalho, o poeta consegue vislumbrar o passado por sobre o presente. "Pois as coroas do soneto entrelaçam-se / Com autonomia em minhas mãos / Enquanto os olhos passeiam ao longe", diz Mörike. O produto de um olhar despreocupado para o longe foi acolhido na forma poética mais rigorosa.

Entre os textos tardios, *Estudos* está especialmente próximo de *Breviário doméstico*. *Breviário doméstico* levanta diversos reparos a nossa moral; tem objeções contra uma série de mandamentos tradicionais. Mas não intenta expressá-los diretamente. Ele os apresenta na forma de variantes da postura moral e dos gestos, cuja forma habitual não lhe parece mais adequada. Os *Estudos* lidam de igual maneira com uma série de documentos literários e poéticas. Expressam objeções diante disso. À medida que, ao mesmo tempo, transferem o conteúdo desses documentos e dessas poéticas para a forma de sonetos, os colocam à prova. O fato de resistirem a ser resumidos dessa maneira atesta sua validade.

Nesses *Estudos*, a objeção não se expressa sem a reverência. A homenagem incondicional que corresponde a um conceito bárbaro de cultura abriu espaço a uma homenagem cheia de objeções.

Sobre *Guia para o habitante das cidades*

[Primeiro poema de *Guia para o habitante das cidades*]*

Separe-se de seus amigos na estação.
De manhã, vá à cidade, com o casaco abotoado.
Procure um quarto e quando o seu companheiro bater:
Não abra, ah, não abra a porta.
Antes
Apague os rastros!

---

*   Tradução do poema por Tercio Redondo. (N. E.)

Se encontrar seus pais na cidade de Hamburgo ou noutra parte
Passe incógnito por eles, dobre a esquina, não os reconheça
O chapéu que eles lhe deram, enterre-o na cabeça.
Não mostre, ah, não mostre a sua cara.
Antes
Apague os rastros!

Coma a carne que houver! Sem parcimônia!
Quando chover, entre em toda casa, sente-se em cada cadeira que lá houver
Mas não permaneça sentado! E não se esqueça de seu chapéu!
Digo-lhe:
Apague os rastros!

O que disser, não o diga duas vezes.
Se verificar em outrem o seu próprio pensamento: renegue-o.
Aquele que não deixou sua assinatura, que não deixou um retrato
Que não esteve presente, que nada disse
Como pode ser apanhado?
Apague os rastros!

Se pensar em morrer, cuide
Para que nenhuma lápide traia o lugar onde você jaz,
Portando uma clara inscrição com seu nome, que o denuncia
E trazendo o ano de sua morte, que o acusa!
Mais uma vez:
Apague os rastros!

(Isso me foi dito.)

  Arnold Zweig disse certa vez que essa sequência de poemas recebeu novo sentido nos últimos anos. Em suas palavras, ela apresenta uma cidade da maneira como o emigrante a vivencia no estrangeiro. Isso é verdade. Mas não devemos esquecer que aquele que luta pela classe explorada é um emigrante em seu próprio país. Os últimos cinco anos de trabalho político na República de Weimar representaram para o comunista sensato uma criptoemigração. Brecht vivenciou-os como tal. Essa talvez tenha sido a principal razão para o surgimento desse ciclo. A criptoemigração foi a forma prévia da emigração em si; também foi uma forma prévia da clandestinidade.

Apague os rastros!
Uma ordem aos clandestinos.
Se verificar em outrem o seu próprio pensamento: renegue-o.
Uma estranha ordem para o intelectual de 1928, claríssima para o clandestino.
Se pensar em morrer, cuide
Para que nenhuma lápide traia o lugar onde você jaz,
Apenas essa ordem poderia estar ultrapassada; tal preocupação se acabou com Hitler e seus homens.

Nesse guia, a cidade aparece como cenário tanto das batalhas de existência quanto da luta de classes. O primeiro resulta em uma perspectiva anarquista que liga o ciclo a *Breviário doméstico*; o outro, em uma perspectiva revolucionária, que aponta para os "Três soldados" posteriores. Em todo caso, uma coisa é certa: cidades são campos de batalha. Não podemos imaginar nenhum observador mais apático aos encantos da paisagem do que aquele formado estrategicamente por uma batalha. Não podemos imaginar nenhum observador menos sensível do que Brecht para os encantos da cidade, sejam os do mar de casas, seja o da velocidade vertiginosa de seu trânsito, seja o da indústria do lazer. Essa insensibilidade para a decoração urbana, ligada à mais aguçada sensibilidade para o modo de reação específico do habitante da cidade, diferencia o ciclo de Brecht de toda a lírica anterior dedicada à cidade grande. Walt Whitman inebriava-se com as massas humanas; Brecht não se refere a elas. Baudelaire percebeu a decrepitude de Paris; mas, em relação aos parisienses, apenas a maneira com que eles próprios carregam tal estigma. Verhaeren tentou realizar uma apoteose das cidades. Para Georg Heym, elas estavam cheias de prenúncios das catástrofes que as ameaçavam.

A característica da poesia mais significativa sobre as cidades era abstrair-se de seu habitante. Nos momentos em que esse habitante entrava em seu campo de visão, como no caso de Dehmel, o aposto de ilusões pequeno-burguesas revelava-se desastroso para a fatura poética. Brecht certamente é o primeiro poeta lírico importante que tem algo a dizer do homem urbano.

Sobre o terceiro poema de *Guia para o habitante das cidades**

Não queremos deixar sua casa
Não queremos derrubar o fogão
No fogão queremos pôr a panela.
Casa, fogão e panela podem ficar
E você deve desaparecer como a fumaça no céu
A qual ninguém segura.

Se tentar agarrar-se a nós, iremos embora
Se sua mulher chorar, esconderemos a cara no chapéu.
Mas quando vierem buscá-lo, apontá-lo-emos
E diremos: deve ser ele.

Não sabemos o que virá e não temos nada melhor do que isso,
Mas você não queremos mais.
Enquanto você não se for
Fechemos as janelas para que não amanheça.

As cidades podem mudar
Mas você não pode mudar.
As pedras tentamos persuadi-las
Mas você queremos matar.
Você não tem de viver.
Das mentiras em que sempre haveremos de acreditar:
Você não pode ter existido.

(Assim falamos com nossos pais.)

 A expulsão dos judeus da Alemanha (até os *pogroms* de 1938) aconteceu da maneira descrita nesse poema. Não se assassinavam judeus no lugar onde eram encontrados. Antes, eram tratados de acordo com a seguinte linha:
Não queremos derrubar o fogão
No fogão queremos pôr a panela.

---

* Tradução do poema por Tercio Redondo. (N. E.)

Casa, fogão e panela podem ficar
E você deve desaparecer como a fumaça no céu.

O poema de Brecht é revelador para o leitor de hoje. Ele mostra, com muita agudeza, para que finalidade o nacional-socialismo necessita do antissemitismo: como paródia. A postura que os dominantes engendram artificialmente em relação aos judeus é aquela que seria natural para a classe oprimida diante da dominante. De acordo com a vontade de Hitler, o judeu deve ser tratado como o grande explorador deveria ser tratado. E exatamente porque não se leva o judeu a sério, porque seu tratamento se assemelha à imagem distorcida de um autêntico processo revolucionário, o sadismo se mistura a esse jogo. A paródia – cujo objetivo é desdenhar do modelo histórico (a expropriação dos expropriadores) – não pode prescindir do sadismo.

SOBRE O NONO POEMA DE *GUIA PARA O HABITANTE DAS CIDADES*

Quatro propostas a um homem, de distintas partes, em momentos distintos*

Aqui você tem uma casa
Aqui há lugar para suas coisas
Disponha os móveis como quiser
Diga do que precisa
Eis a chave
Fique aqui.

É um apartamento para nós todos
E, para você, há um quarto com uma cama
Você pode trabalhar conosco no pátio
Você terá seu próprio prato
Fique conosco.

Aqui é seu dormitório
A cama ainda está bem limpa
Apenas um homem dormiu aí.
Se for muito suscetível

---

*   Tradução do poema por Tercio Redondo. (N. E.)

Lave sua colher naquela tina
Ela ficará como nova
Fique tranquilamente conosco.

Este é o cômodo
Apresse-se ou fique apenas
Por uma noite, mas aí é mais caro.
Não vou perturbá-lo
De resto, não estou doente.
Aqui você está tão bem servido como em qualquer outra parte.
Você pode, portanto, ficar.

Guia para o habitante das cidades oferece, como dissemos, lições na clandestinidade e na emigração. O nono poema se refere a um processo social que tanto os clandestinos quanto os emigrantes têm de dividir com os que sucumbiram, sem lutar, à exploração. O poema ilustra, em traços muito curtos, o que significa o empobrecimento na cidade grande. Ao mesmo tempo, ilumina o primeiro poema do ciclo.

Cada uma das "Quatro propostas a um homem, de distintas partes, em momentos distintos" permite reconhecer a situação econômica desse homem, que se tornou cada vez mais pobre. Aqueles que lhe fornecem um teto têm certeza disso; eles lhe permitem cada vez menos o direito de deixar rastros. Da primeira vez, ainda se dão conta das coisas desse homem. Da segunda vez, fala-se apenas de um único prato, que dificilmente foi levado com ele. O dono da casa já faz uso da força de trabalho do homem ("Você pode trabalhar conosco no pátio"). Aquele que aparece em terceiro lugar deve estar completamente desempregado. Sua esfera pessoal é representada de maneira simbólica pela lavagem de uma colher de estanho. A quarta proposta é a de uma prostituta para um cliente obviamente pobre. Não se fala mais em duração. O teto é para apenas uma noite, e é melhor nem mencionar o rastro que o homem interpelado tem permissão de deixar. A proposta do primeiro poema – "Apague os rastros" – se completa para o leitor do nono poema com o adendo: melhor se alguém apagá-los para você.

É notável a indiferença afável própria às quatro propostas. Reconhecemos que a dureza do atrevimento deixa espaço para essa afabilidade pelo fato de as relações sociais confrontarem o homem de fora como algo estranho a ele. A afabilidade com a qual o veredito das pessoas ao redor lhe é transmitido revela que tais pessoas não lhe são solidárias. Não apenas o homem em questão parece aceitar o que escuta; também aqueles que se dirigem a ele se conformaram com as condições. A desumanidade a que estão condenados não conseguiu lhes tirar a cordialidade do coração, justificando a esperança ou o desespero. O poeta não se manifestou a esse respeito.

Sobre *Poemas de Svendborg*

Sobre "Cartilha de guerra alemã"*

5
Os trabalhadores clamam por pão
Os comerciantes clamam por mercados
O desempregado passava fome. Agora
Passam fome os que estão empregados.
As mãos que pousavam no colo voltam a se mexer:
Torneiam granadas.

13
É noite. Os casais
Deitam-se nas camas. As jovens mulheres
Parirão seus órfãos.

15
Dizem os de cima:
Caminha-se para a glória.
Dizem os de baixo:
Caminha-se para o túmulo.

18
Na hora de marchar, muitos não sabem
Que o inimigo marcha à sua frente.
A voz que os comanda
É a voz de seu inimigo.

---

* Tradução dos excertos citados do poema por Tercio Redondo. (N. E.)

Aquele que fala do inimigo
É ele mesmo o inimigo.

    A cartilha da guerra está escrita num estilo "lapidar", termo que vem de *lapis*, "pedra" em latim, e descreve o estilo que se formou para as inscrições. Sua característica mais importante foi a brevidade, condicionada, de um lado, pelo esforço em gravar a palavra na pedra; de outro, pela consciência de que a concisão era adequada para falar de uma sequência de gerações.

    Se a condição material natural do estilo lapidar está descartada desses poemas, temos o direito de perguntar quais são suas equivalências. Como justificar o estilo desses poemas? Um deles aponta para a resposta. É assim:

No muro estava escrito a giz:
Eles querem a guerra.
Quem escreveu
Já está morto.

    Esse verso inicial poderia constar em qualquer poema de "Cartilha de guerra". Suas inscrições não foram feitas para a pedra, mas para as paliçadas – como as dos combatentes clandestinos.

    Dessa maneira, o caráter de "Cartilha de guerra" poderia ser vislumbrado numa única contradição: nas palavras que, em função de sua forma, estão comprometidas em sobreviver ao fim do mundo, o gesto da inscrição foi registrado apressadamente pelo perseguido numa cerca de madeira. Essa contradição contém o extraordinário desempenho artístico dessas frases construídas por palavras primitivas. O poeta investe com o horaciano *aere perennius* aquilo que, exposto à chuva e aos agentes da Gestapo, um proletário lançou sobre um muro.

Sobre o poema "A criança que não queria se lavar"

A criança que não queria se lavar*

Era uma vez um menino
Que evitava se lavar
E, quando lavado, o ladino
Tratava de se sujar.

---

*   Tradução do poema por Tercio Redondo. (N. E.)

Chegou o rei soberano
Que subiu aos andares de cima
A mãe procurou por um pano
Pra limpar o filho traquina.

Não havia pano por perto
E o rei não quis esperar
Assim, sem vê-lo, o esperto
Não teve de que reclamar.

O poeta toma partido da criança que não queria se lavar. Em sua opinião, os mais incríveis acasos haveriam de conspirar para que a criança de fato se prejudicasse pela falta de banho. Não bastasse o imperador, inusitadamente, subir os muitos lances de escada, ainda por cima ele escolheu aparecer em uma casa sem toalhas. A dicção fragmentada do poema dá a entender que tal conspiração de acasos tem algo de onírico.

Talvez possamos nos lembrar de outro partidário ou defensor da criança sem banho; o falanstério de Fourier foi uma utopia não apenas socialista, mas também pedagógica. Fourier divide as crianças do falanstério em dois grandes grupos: o das *petites bandes* [pequenos bandos] e o das *petites hordes* [pequenas hordas]. As *petites bandes* se ocupam com a jardinagem e outras obrigações agradáveis. As *petites hordes* têm de se virar com as funções mais sujas. Todas as crianças podem escolher livremente entre ambos os grupos. As que se decidiram pelas *petites hordes* eram as mais honradas. Nenhum trabalho no falanstério era iniciado sem seu aval; a tortura dos animais estava submetida a seu julgamento; dispunham de pôneis anões sobre os quais cruzavam o falanstério num galope fogoso e o sinal de quando se juntavam para o trabalho era uma ensurdecedora cacofonia de toques de trombeta, apitos de vapor, sinos de igreja e tambores. Fourier enxergava quatro paixões em ação nos membros das *petites hordes*: o orgulho, a impudência, a insubordinação e, a mais importante delas, a quarta, o *goût de la saleté*, o gosto pela sujeira.

O leitor volta a pensar na criança imunda e se pergunta: será que ela se esfrega com carvão apenas porque a sociedade não oferece nenhuma aplicação útil e boa para sua paixão pela sujeira? Apenas para atravancar como um obstáculo, como uma advertência sombria, o caminho de sua ordem (não diferente do homenzinho corcunda, que na antiga canção desgoverna a casa mais bem cuidada)? Se Fourier tiver razão, a criança não perdeu muita coisa ao não se encontrar com o imperador. Um imperador que deseja ver apenas crianças limpas não representa mais do que os limitados súditos que visita.

Sobre o poema "A ameixeira"

A ameixeira*

A ameixeira no quintal
É pequena, sem igual.
Cercada com arame
Escapa ao chute infame.

Mas não cresce a ameixeira
Mesmo que muito o queira.
A pobre não tem mercê
Afinal o sol não vê.

Ninguém crê na ameixeira
Que seu fruto não carrega
Todavia é verdadeira
A folhagem não o nega.

Um exemplo da unidade interna dessa poesia lírica e, ao mesmo tempo, da riqueza de suas perspectivas pode ser a maneira como a paisagem – em seus diferentes ciclos – marca presença. Em *Breviário doméstico*, ela aparece principalmente na forma de um céu purificado, como que lavado, no qual por vezes surgem nuvens delicadas e sob o qual se avistam vegetações de contornos traçados por uma cunha firme. Em "Canções. Poemas. Coros", nada resta da paisagem, ela está coberta pela "tempestade invernal de neve" que atravessa esse ciclo de poemas. Em *Poemas de Svendborg*, ela aparece aqui e acolá, descolorida e tímida. Tão descolorida que os caibros metidos "no quintal para o balanço das crianças" já fazem parte dela.

A paisagem em *Poemas de Svendborg* assemelha-se àquela pela qual, em uma história de Brecht, o sr. Keuner demonstra preferência. Amigos souberam de seu apreço pela árvore que subsiste no quintal de sua casa. Eles o incentivam

---

* Tradução do poema por Tercio Redondo. (N. E.)

a ir ao campo e se espantam quando o sr. Keuner se nega. O senhor não disse que gostava de árvores? O sr. Keuner responde: "Eu disse que gosto da árvore do meu quintal". Essa árvore deve ser idêntica àquela chamada Green em *Breviário doméstico*, homenageada pelo poeta com uma recepção matinal:

Certamente não foi coisa pouca subir tão alto
Entre as casas
Tão alto, Green, que a
tempestade veio até você, assim como hoje à noite?*

Essa árvore, Green, que oferece sua copa à tempestade, ainda é originária de uma "paisagem heroica". (Entretanto, o poeta dela se distancia à medida que a chama pelo pronome *Sie***.) Ao longo dos anos, o interesse lírico de Brecht em relação à árvore se voltou para o que nela há de semelhante em relação às pessoas cujas janelas se abrem para o quintal: ao mediano e ao torto. Uma árvore que não tem mais nada de heroica, uma ameixeira, aparece em *Poemas de Svendborg*. Uma cerca deve protegê-la de ser entortada por pisadas. Ela não dá ameixas.

Ninguém crê na ameixeira
Que seu fruto não carrega
Todavia é verdadeira
A folhagem não o nega.***

(A rima interna do primeiro verso [*Den Pflaumenbaum glaubt man ihm kaum*] inutiliza a última palavra do terceiro verso [*Pflaumenbaum*] como rima. Ele aponta que a ameixeira já está acabada, mal começou a crescer.)

Essa é a árvore do quintal tão apreciada pelo sr. Keuner. Da paisagem e de tudo o mais que ela ofereceu ao poeta lírico, nada sobrou além de uma folha. Talvez seja preciso ser também um grande poeta lírico para não se valer mais dela.

---

* *Es war wohl keine Kleinigkeit, so hoch heraufzukommen / Zwischen den Häusern, / So hoch herauf, Green, daß der / Sturm so zu Ihnen kam, wie heute nacht?* (N. T.)
** Pronome formal. No poema, aparece declinado no dativo (*Ihnen*). (N. T.)
*** *Den Pflaumenbaum glaubt man ihm kaum / Weil er nie eine Pflaume hat / Doch er ist ein Pflaumenbaum / Man kennt es an dem Blatt.* (N. T.)

Sobre "Lenda sobre o surgimento do livro Tao Te Ching durante o caminho de Lao-tsé à emigração"

Lenda sobre o surgimento do livro Tao Te Ching durante o caminho de Lao-tsé à emigração*

1
Quando estava com setenta anos, e alquebrado,
O mestre ansiava mesmo era por repouso
Pois a bondade mais uma vez se enfraquecera no país
E a maldade mais uma vez ganhara força.
E ele amarrou o sapato.

2
E juntou ele o de que precisava:
Pouco. Mas mesmo assim, isso e aquilo.
Como o cachimbo, que ele sempre fumava à noite
E o livrinho que sempre lia.
Pão branco sem muito calcular.

3
Alegrou-se do vale ainda uma vez e o esqueceu
Quando pela montanha o caminho enveredou.
E o seu boi alegrou-se da grama viçosa
Mastigando, enquanto carregava o velho.
Pois para ele ia-se depressa o suficiente.

---

* Tradução de Marcus V. Mazzari, que consta de artigo de sua autoria: "Água mole em pedra dura: sobre um motivo taoista na lírica de Brecht", *Estudos Avançados*, v. 14, n. 39, 2000, p. 229-45. Disponível em: <https://dx.doi.org/10.1590/S0103-40142000000200015>; acesso em: 26 dez. 2016. No artigo, o tradutor ressalta: "A tradução que se segue é literal e procura corresponder, na medida do possível, à sugestão brechtiana de salvaguardar ao menos a transposição dos 'pensamentos' e da 'postura' do poeta. Isso não significa, evidentemente, afastar a possibilidade de uma tradução mais bem elaborada, que dê conta também da estrutura rítmica e rímica do original". (N. T.)

4
Mas no quarto dia, numa penedia
Um aduaneiro barrou-lhe o caminho:
"Bens a declarar?" – "Nenhum."
E o menino, que conduzia o boi, falou: "Ele ensinou."
E assim também isso ficou explicado.

5
Mas o homem, tomado por alegre impulso
Ainda perguntou: "E o que ele tirou disso?"
Falou o menino: "Que a água mole em movimento
Vence com o tempo a pedra poderosa.
Tu entendes, o que é duro não perdura."

6
Para que não perdesse a última luz do dia
O menino foi tocando o boi.
E os três já desapareciam atrás de um pinheiro escuro
Quando de repente deu um estalo no nosso homem
E ele gritou: "Ei, tu! Alto lá!

7
O que está por trás dessa água, velho?"
Deteve-se o velho: "Isso te interessa?"
Falou o homem: "Eu sou apenas guarda de aduana
Mas quem vence a quem, isto também a mim interessa
Se tu o sabes, então fala!

8
Anota-o para mim! Dita-o a este menino
Coisa dessas não se leva embora consigo.
Papel há em casa, e também tinta
E um jantar igualmente haverá: ali moro eu.
E então, é a tua palavra?"

9
Por sobre o ombro, o velho mirou
O homem: jaqueta remendada. Descalço.
E a testa, uma ruga só.
Ah, não era um vencedor que dele se acercava.
E ele murmurou: "Também tu?"

10
Para recusar um pedido gentil
O velho, como parecia, já estava demasiado velho.
Então, disse em voz alta: "Os que algo perguntam
Merecem resposta." Falou o menino: "Também vai ficando frio."
"Está bem, uma pequena estada."

11
E o sábio apeou do seu boi
Por sete dias escreveram a dois.
E o aduaneiro trazia comida (e nesse tempo todo apenas
Praguejava baixo com os contrabandistas).
E então chegou-se ao fim.

12
E o menino entregou ao aduaneiro
Numa manhã oitenta e uma sentenças
E agradecendo um pequeno presente
Entraram pelos rochedos atrás daquele pinheiro.
Dizei agora: é possível ser mais gentil?

13
Mas não celebremos apenas o sábio
Cujo nome resplandece no livro!
Pois primeiro é preciso arrancar do sábio a sua sabedoria.
Por isso agradecimento também se deve ao aduaneiro:
Ele a extraiu daquele.

O poema pode dar oportunidade de mostrar o papel especial que a gentileza ocupa no imaginário do poeta. Brecht coloca-a num lugar elevado. Se vislumbrarmos a lenda que ele conta, então de um lado está a sabedoria de Lao-tsé – que, no poema, não é citado pelo nome. Essa sabedoria está prestes a lhe custar o exílio. Do outro lado, está a avidez pelo conhecimento do aduaneiro, que no final recebe um agradecimento, porque foi o primeiro a arrancar do sábio sua sabedoria. Mas isso não teria sido possível sem um terceiro elemento, que é a *gentileza*. Mesmo se fosse injustificado dizer que o conteúdo do livro Tao Te Ching é a gentileza, seria correto afirmar que, segundo a lenda, o Tao Te Ching se preservou graças ao espírito da gentileza. Aprendemos muita coisa sobre a gentileza no poema.

Em primeiro lugar, ela não é ressaltada de maneira irreflexiva.
Por sobre o ombro, o velho mirou
O homem: jaqueta remendada. Descalço.
O pedido do aduaneiro pode ser o mais educado possível, mas Lao-tsé primeiro se assegura de que é alguém vocacionado que o faz.

Em segundo lugar, a gentileza não consiste em realizar coisas menores casualmente, mas coisas grandiosas como se fossem algo menor. Depois de Lao-tsé ter examinado o direito do aduaneiro em perguntar, ele marca os dias seguintes – dias de importância histórica mundial, nos quais ele interrompe sua jornada – sob o seguinte lema:
"Está bem, uma pequena estada."
Em terceiro lugar, descobrimos que a gentileza não elimina a distância entre os homens, mas a torna viva. Depois de o sábio ter feito algo tão grandioso *para* o aduaneiro, sua relação *com* o aduaneiro é pouca; não é ele quem lhe entrega os 81 lemas, mas seu ajudante.

"Os clássicos", disse um velho filósofo chinês, "viviam nos tempos mais sangrentos e obscuros, e eram as pessoas mais amáveis e alegres de que se tinha conhecimento". O Lao-tsé dessa lenda parece disseminar a alegria por onde anda e está. Alegre é seu boi, para o qual o peso de seu dono não o impede de se alegrar pelo capim fresco. Alegre é seu ajudante, que não deixa de justificar a pobreza de Lao-tsé com a observação seca: "Ele ensinou". Alegre se torna o aduaneiro diante de sua cancela, e essa alegria inspira-o à feliz pergunta sobre os resultados das pesquisas de Lao-tsé. Por fim, como o próprio sábio (que na primeira curva já se esqueceu do vale que havia pouco o animara) não seria alegre, de que adiantaria sua sabedoria, caso não se esquecesse das preocupações pelo futuro assim que as pressentisse?

Em *Breviário doméstico*, Brecht escreveu uma balada das amabilidades do mundo. São três: a mãe coloca a fralda; o pai dá a mão; pessoas jogam terra no túmulo. E isso é o suficiente. Pois no final desse poema, lemos:

Quase toda a gente têm amor à Terra
Se lhe dão duas mãos de terra.

As relações de amabilidade do mundo acontecem nos momentos mais duros da existência: no nascimento, nos primeiros passos para a vida e no último deles, que a encerra. Trata-se do programa mínimo de humanidade. Ele ressurge no poema de Lao-Tsé na seguinte frase:

Tu entendes, o que é duro não perdura.

O poema é escrito numa época em que essa afirmação atinge o ouvido das pessoas como uma promessa que não fica a dever nada a uma promessa messiânica. Para o leitor atual, porém, não é apenas uma promessa, mas também um ensinamento.

"Que a água mole em movimento
Vence com o tempo a pedra poderosa"

Aprendemos a não perder de vista o inconstante e o temporário das coisas e entendemos que é preciso nos aliar ao insignificante e prosaico, também inexaurível, como a água. O dialético materialista pensará na questão do oprimido. (Ela é uma questão insignificante para o dominador, prosaica para o oprimido e, no que diz respeito às consequências, a mais inexaurível.) Em terceiro lugar, por fim, ao lado da promessa e ao lado da teoria está a moral que sobressai do poema. Quem quer subjugar o que é duro não deve deixar passar nenhuma oportunidade de ser amável.

Romance dos três vinténs, de Brecht

Oito anos

Oito anos separam *Ópera dos três vinténs* de *Romance dos três vinténs*, obra que se desenvolveu a partir da antiga. Mas isso não se deu da maneira mirabolante que imaginamos ser a maturação da obra de arte. Esses anos foram politicamente decisivos. O autor apropriou-se da lição deles, chamou os crimes neles ocorridos pelo nome, jogou luz sobre suas vítimas. Ele escreveu um romance satírico de grande formato.

Para esse livro, ele voltou muito atrás. Pouco restou das bases e das ações da ópera. Apenas as personagens principais permaneceram as mesmas. Afinal, foram elas que, nesses anos, cresceram diante de nossos olhos e de maneira tão sanguinária criaram espaço para seu crescimento. Quando *Ópera dos três vinténs* foi apresentada pela primeira vez, na Alemanha, o gângster ainda era um rosto desconhecido por ali. Nesse meio-tempo, ele se aclimatou e organizou a barbárie. Apenas mais tarde a barbárie apresenta, do lado dos exploradores, aquele estado drástico que caracteriza a miséria dos explorados já no início do capitalismo. Brecht lida com os dois; por essa razão, ele junta as épocas e ambienta seus gângsteres numa Londres que segue o ritmo e tem a aparência da cidade de Dickens. As circunstâncias da vida privada são as antigas, as da luta de classe atuais. Esses londrinos não têm telefone, mas sua polícia já conta com tanques. Na Londres atual, dizem, fica evidente que é bom para o capitalismo manter certo atraso. Esse fato teve valor para Brecht. Ele povoa os escritórios mal ventilados, os banheiros úmidos e quentes, as ruas enevoadas com tipos de aparência muitas vezes antiquada, mas de atitudes modernas. Tais deslocamentos fazem parte da óptica da sátira. Brecht a sublinha por meio de liberdades que tomou com a topografia londrina. O comportamento das personagens inspiradas na realidade é bem mais inverossímil – o satírico pode falar assim – do que uma Brobdingnag ou uma Londres que ele possa ter construído em sua cabeça.

Velhos conhecidos

Então aquelas personagens postaram-se novamente diante do poeta. Há *Peachum*, que sempre fica de chapéu, porque imagina que todos os telhados vão cair em sua cabeça. Ele desprezou sua loja de instrumentos e envolveu-se com navios de transporte por causa de um negócio de guerra; durante essa empreitada, sua guarda de pedintes lhe foi útil em momentos críticos como "excitado grupo de populares". Os navios destinam-se ao transporte de tropas durante a Guerra dos Bôeres. Mas, como estão podres, afundam com a tripulação, não distante da foz do Tâmisa. Peachum, que faz questão de ir à cerimônia fúnebre dos soldados afogados, escuta ali, juntamente com muitos outros – entre eles um tal de Fewkoombey –, o sermão do bispo sobre a exortação bíblica de fazer frutificar os talentos que nos são confiados. Por essa época, já tendo eliminado o sócio, Peachum estava seguro contra as consequências duvidosas do negócio de transporte. Mas ele não cometeu o assassinato pessoalmente. Também sua filha, "Pêssego", se envolve em atos criminosos – apenas até o ponto conveniente para uma dama: em um caso de aborto e em um de adultério. Conhecemos o médico a quem ela confia o procedimento, e da boca dele sai um discurso que é o oposto da fala do bispo.

O herói Macheath ainda estava muito próximo de seus anos de aprendizagem em *Ópera dos três vinténs*. O romance os recapitula apenas brevemente; ele honra o silêncio sobre vários "grupos de anos [...], que tornam as biografias de nossos homens de negócios, por muitas páginas, tão carentes de conteúdo" e deixa em aberto se o assassino Stanford Sills, chamado "Navalha", estava na origem das mudanças que transformaram o comerciante de madeiras Beckett no atacadista Macheath. Está claro apenas que o negociante mantém sua fidelidade a determinados amigos do passado que não encontraram o caminho da legalidade. O que vale a pena, visto que esses roubam a seu pedido muitas mercadorias que a cadeia de lojas de Macheath vende sem concorrência.

O negócio de Macheath é formado pelas lojas B, cujos proprietários – autônomos – são obrigados apenas a adquirir suas mercadorias e pagar o aluguel dos estabelecimentos. Em algumas entrevistas de jornais, ele se manifestou sobre "sua decisiva descoberta a respeito do instinto humano de autonomia". Entretanto, esses indivíduos autônomos estão mal, e um deles se joga no Tâmisa porque Macheath interrompeu a entrega de mercadorias temporariamente por motivos comerciais. Há suspeita de assassinato; abre-se uma ocorrência criminal. Mas esse crime passa diretamente ao projeto satírico. A sociedade que procura o assassino da vítima que cometeu suicídio nunca será capaz de reconhecê-lo em Macheath, que apenas exerceu seus direitos contratuais. "O assassinato da pequena comerciante Mary Swayer" não apenas está no centro da ação, como também contém sua moral. Os espoliados donos das lojas, os soldados que são amontoados em navios danificados, os ladrões cujo mandante paga o chefe da polícia – essa massa cinzenta, que no romance ocupa o espaço do coro na ópera –, esses entregam suas vítimas aos dominadores. É contra elas que os crimes são cometidos. Obrigada a cair na água, Mary Swayer é uma das vítimas da massa; de seu meio saiu Fewkoombey, que para o próprio espanto é enforcado pelo assassinato da mulher.

Um novo rosto

O soldado Fewkoombey, que no prólogo é mandado ao esconderijo de Peachum chamado "abrigo" e que no epílogo se lhe revela, num sonho, "o talento dos pobres", é um novo rosto. Ou, melhor, quase não é um rosto, mas alguém "transparente e sem expressão", como os milhões que enchem as casernas e os porões. Encostado na moldura, trata-se de uma personagem em tamanho natural que aponta para o quadro. Ele aponta para a sociedade burguesa de criminosos, no centro. Ele tem a primeira palavra nessa sociedade, já que ela não geraria lucros sem sua presença; por isso Fewkoombey está no prólogo. E no epílogo aparece como juiz, caso contrário a última palavra seria da sociedade burguesa de criminosos. Entre os dois, há o breve período de meio ano, que ele desperdiça com procrastinações; enquanto isso, determinados assuntos dos superiores se desenvolveram em tão larga medida e de maneira tão favorável que culminam com sua execução, sem que um "salvador mensageiro do rei" atrapalhe.

Pouco antes disso, como já foi dito, ele tem um sonho. Trata-se de um processo judicial sobre um "crime especial".

> Como ninguém pode impedir um sonhador de vencer, nosso amigo tornou-se presidente do maior tribunal de todos os tempos, o único realmente necessário, abrangente e justo [...]. Após demorada reflexão, que durou meses, o juiz supremo determinou iniciar com um homem que, segundo o testemunho do bispo na cerimônia fúnebre pelos soldados naufragados, tinha inventado uma parábola que havia sido usada nos púlpitos por 2 mil anos e que, segundo o parecer do juiz supremo, tratava-se de um crime especial.

O juiz defende esse parecer à medida que cita todas as consequências da parábola e interroga as muitas testemunhas que devem fazer declarações sobre *seus* talentos.

— Seus talentos se multiplicaram? — perguntou o juiz supremo, com severidade. Eles se assustaram e responderam:
— Não.
— Ele viu que não se multiplicaram? — Referia-se ao acusado.
Eles não souberam de pronto o que responder. Depois de um tempo pensando, porém, um garoto deu um passo a frente [...].
— Deve ter visto, pois passamos frio quando estava frio e passamos fome antes e depois da comida. Veja o senhor mesmo se dá para notar isso em nós. — O garoto colocou dois dedos na boca e assobiou [...] Uma mulher muitíssimo semelhante com Mary Swayer, a pequena comerciante, aproximou-se.

Quando, por causa dessas provas tão agravantes, o acusado tem direito a um defensor – "Mas ele tem de ser adequado a você", diz Fewkoombey – e o sr. Peachum se apresenta como tal, a culpa do cliente torna-se incontestável. Ele deve ser acusado de cumplicidade, porque entregou a seus homens essa parábola, que também é um talento, diz o juiz supremo. Em seguida, ele o condena à morte. Ao cadafalso, porém, vai apenas o sonhador, que no minuto em que se encontrava desperto compreendeu o quanto voltam na história pistas de crimes dos quais ele e seus iguais são vítimas.

O bando de Macheath

Nos manuais de criminalística, os criminosos são caracterizados como associais. Isso pode valer para a maioria. Na história contemporânea, porém, alguns refutaram essa condição. Com tantas pessoas criminalizadas, elas se tornaram exemplos sociais. É o que acontece com Macheath. Ele vem da nova escola, enquanto seu sogro – de igual condição e que durante muito tempo foi seu inimigo – ainda faz parte da escola antiga. Peachum não sabe se apresentar. Esconde sua avidez atrás do senso de família, sua impotência atrás da ascese, suas atividades chantagistas atrás do cuidado com os pobres. Prefere, isso sim, desaparecer em seu escritório. Não se pode dizer o mesmo de Macheath, líder por natureza. Suas palavras têm a marca do estadista; seus atos, a marca do comerciante. As mais diversas tarefas que lhe são confiadas nunca foram tão difíceis para um líder quanto agora. Não basta empregar a violência para manter as relações de propriedade. Essas tarefas práticas têm de ser resolvidas. Mas, assim como exigimos que uma bailarina não apenas dance, como também seja bonita, o fascismo exige não apenas um salvador do capital, como também que este seja um homem honrado. Eis por que alguém como Macheath é inestimável nestes tempos.

Ele sabe exibir aquilo que o grotesco pequeno-burguês entende por personalidade. Governado por centenas de instâncias, joguete de ondas de carestia, vítima de crises, tal *habitué* de estatísticas procura um único homem a quem se apegar. Ninguém quer se justificar diante desse homem, mas alguém deve fazê-lo. E esse alguém sabe como. Pois eis a dialética da coisa: os pequenos-burgueses agradecem sua disposição de assumir as responsabilidades não exigindo qualquer explicação. Abrem mão de apresentar reivindicações, "porque isso mostraria ao sr. Macheath que perdemos a confiança nele". Sua natureza de líder é o reverso do comedimento dos outros. Esse comedimento satisfaz *Macheath* incessantemente. Ele não perde nenhuma oportunidade de se sobressair. E a cada vez é outro, diante dos diretores de banco, diante do tribunal, diante dos membros de seu bando. Ele comprova "que podemos dizer qualquer coisa, basta ter o desejo inquebrantável"; por exemplo, o seguinte:

> Segundo minha opinião, que é a opinião de um homem de negócios que trabalha com seriedade, não contamos com as pessoas certas no controle do Estado. Todas elas fazem parte de algum partido, e os partidos são egoístas. Precisamos de homens que estejam acima dos partidos, assim como nós, homens de negócios. Nós vendemos nossas mercadorias para ricos e pobres. Vendemos para qualquer pessoa cem quilos da batatas, sem nos preocuparmos com sua situação; instalamos a luz elétrica para ela; pintamos a casa. A condução do Estado é uma tarefa moral. Precisamos fazer com que os empresários sejam bons empresários e os funcionários sejam bons funcionários: em resumo, que os ricos sejam bons ricos, e os pobres, bons pobres. Estou convencido de que chegará o dia de tal forma de governo. Ela contará comigo como apoiador.

Pensamento tosco

Brecht colocou em itálico tanto o programa de Macheath quanto inúmeras outras considerações, realçando essas passagens do texto narrativo. O resultado é uma coletânea de discursos e sentenças, confissões e chamamentos que pode ser considerada única. Ela em si já asseguraria a permanência de sua obra. Ninguém ainda expressou tudo aquilo que está escrito, embora todos falem dessa maneira. O texto é interrompido; à semelhança de uma ilustração, trata-se de um convite ao leitor para vez ou outra abrir mão da ilusão. Nada é mais adequado num romance satírico. Alguns desses trechos iluminam de maneira duradoura os pressupostos aos quais Brecht deve seu impacto. Por exemplo: "O principal é aprender a pensar de maneira tosca. O pensamento tosco é o pensamento dos grandes".

Há muitas pessoas que entendem o dialético como um amante de sutilidades. Nesse sentido, é absolutamente útil que Brecht aponte para o "pensamento tosco", que a dialética produz como seu oposto, que nela está abrangido e do qual ela tem necessidade. Pensamentos toscos fazem parte da economia doméstica do pensamento dialético porque não apresentam nada além da aplicação da teoria sobre a prática: sua *aplicação* sobre a prática, não sua *dependência* dela (Auf *die Praxis, nicht* an *sie*); evidentemente, o agir pode ser tão sutil quanto o pensar, mas um pensamento tem de ser tosco a fim de ser justificado na ação.

As formas do pensamento tosco mudam devagar, pois foram criadas pelas massas. É possível aprender a partir do que se entorpeceu. Uma delas é o ditado, e o ditado é uma escola do pensamento tosco. "O sr. Macheath tem a consciência pesada em relação a Mary Swayer?", perguntam as pessoas. Brecht esfrega o nariz delas na resposta e, sobre esse parágrafo, escreve: "Onde o potro se afogou havia água". Outro poderia dizer: "Onde se aplaina há cavacos". Trata-se do parágrafo em que Peachum, "a primeira autoridade no campo da miséria", examina os fundamentos do negócio da mendicância. Ele diz:

> Também sei por que as pessoas não investigam melhor os machucados dos mendigos antes de dar. Afinal, estão convencidas de que há feridas onde elas os machucaram! Onde uns fazem negócios outros não acabam arruinados? Se uns cuidam de suas famílias, outras famílias não acabam debaixo da ponte? Todos estão convencidos, de antemão, de que sua própria maneira de viver resulta, por todos os lados, em feridos de morte e inacreditáveis necessitados. Para que perder tempo examinando? Os centavos que estão dispostos a dar não valem o esforço!

A sociedade dos criminosos

Peachum cresceu desde *Ópera dos três vinténs*. Seu olhar infalível fita tanto as condições de suas especulações exitosas quanto os erros daquelas malsucedidas. Nenhum véu, nem a mais mínima ilusão, oculta-lhe as leis da exploração. Assim, essa pequena pessoa fora de moda, apartada do mundo, se credencia como pensador muito moderno. Ele poderia se comparar a Spengler, que mostrou quão inúteis as ideologias humanitárias e filantrópicas dos primórdios da burguesia se tornaram para o empresário atual. As conquistas da técnica beneficiam, em primeiro lugar, as classes dominantes. Isso vale tanto para as formas avançadas de pensamento quanto para as formas modernas de locomoção. Os homens em *Romance dos três vinténs* não têm automóveis, mas todos são cabeças dialéticas. Peachum, por exemplo, diz a si mesmo que assassinos merecem punição. "Mas os não assassinos", diz ele, "também são punidos, das maneiras mais terríveis. [...] Decair para as favelas (*slums*), como eu e toda minha família fomos ameaçados, não é menos do que entrar num presídio. São presídios perpétuos!".

O romance policial, que em seu início com Dostoiévski muito fez pela psicologia, coloca-se – no ápice de seu desenvolvimento – à disposição como crítica social. Se o livro de Brecht utiliza o gênero de maneira mais exaustiva do que Dostoiévski, é porque nele (assim como na realidade) o criminoso tira seu sustento da sociedade; a sociedade (como na realidade) leva um quinhão de seu roubo. Dostoiévski estava interessado na psicologia; ele revelava a parte criminosa intrínseca ao ser humano. Brecht se interessa por política; ele revela a parte criminosa intrínseca ao negócio.

A ordem jurídica burguesa e o crime são opostos, de acordo com as regras do romance policial. O procedimento de Brecht consiste em manter a técnica altamente desenvolvida do romance policial, mas não obedecer a suas regras. *Nesse* romance, a relação entre a ordem jurídica burguesa e o crime é apresentada de maneira objetiva. Esse último aparece como um caso especial da espoliação, sancionado pela primeira. Vez ou outra acontecem transições espontâneas entre ambos. O reflexivo Peachum descobre

> como complicados negócios muitas vezes se transformam em ações simples, desde sempre usuais! [...] O início contou com contratos e carimbos oficiais e no final foi preciso haver latrocínio! O quanto sou contra assassinatos! [...] E pensar que celebramos negócios entre nós!

É claro que, nesse caso-limite do romance policial, não há lugar para o detetive. O papel que as regras lhe reservavam, de agente da ordem jurídica, é assumido pela concorrência. O que ocorre entre Macheath e Peachum é uma batalha de dois bandos, e o final feliz é um acordo de cavalheiros que registra em cartório a distribuição do butim.

A sátira e Marx

Brecht desnuda de drapejados de conceitos jurídicos as relações sob as quais vivemos. O humano emerge dali despido, tal como chegará à posteridade.

Infelizmente ele é desumanizado – o que não é culpa do sátiro. Sua tarefa é despir o concidadão. Quanto ele o rearruma de uma nova maneira, assim como Cervantes com o cão Berganza, como Swift com os cavalos Houyhnhnms, como Hoffmann com seu gato, no fundo o que lhe importa é apenas a postura na qual o mesmo concidadão está nu entre seus figurinos. O sátiro se basta com a nudez do outro, mostrando-a a ele pelo espelho. Sua tarefa não vai além.

Dessa maneira, Brecht se satisfaz com uma pequena troca de figurinos dos contemporâneos. Ela é suficiente apenas para criar a continuidade com o século XIX, que fez surgir não apenas o imperialismo, como também o marxismo – marxismo que tem tantas perguntas interessantes a fazer ao imperialismo. "Quando o imperador alemão telegrafou ao presidente Krüger, quais ações subiram e quais baixaram?" "Claro que somente comunistas perguntariam tal coisa." Mas Marx, que foi o primeiro a recolocar sob a luz da crítica as relações humanas a partir de sua degradação e seu ofuscamento na economia capitalista, tornou-se professor dos sátiros e esteve perto de tornar-se mestre no gênero. Brecht frequentou sua escola. A sátira, que sempre foi uma arte materialista, tornou-se também dialética em suas mãos. Marx está ao fundo de seu romance – mais ou menos como Confúcio e Zoroastro para os mandarins e os xás que analisam os franceses nas sátiras do Iluminismo. Marx determina aqui o tanto de distância que o grande escritor, mas principalmente o grande sátiro, toma em relação a seu objeto. A distância sempre tinha sido aquela que a posteridade usou para chamar um autor de clássico. Provavelmente a posteridade se orientará com bastante facilidade em *Romance dos três vinténs*.

O autor como produtor[1]

Il s'agit de gagner les intellectuels à la classe ouvrière, en leur faisant prendre conscience de l'identité de leurs démarches spirituelles et de leurs conditions de producteur. [*]
Ramon Fernandez

Vocês se lembram de como Platão procede com os poetas em seu projeto de Estado. Em nome do interesse da comunidade, lhes é negado o direito de permanência. Ele tinha em alta conta o poder da poesia, mas a considerava prejudicial, supérflua – numa coletividade *perfeita*, bem entendido. Desde então, a questão do direito de existência do poeta não foi levantada frequentemente com a mesma ênfase; hoje, porém, ela se apresenta. Sem dúvida, raras vezes dessa *forma*. Porém, ela é mais ou menos conhecida de todos vocês como a questão da autonomia do poeta: de sua liberdade de escrever o que quiser. Vocês não estão inclinados a lhe consentir essa liberdade. Vocês acreditam que a situação social no presente obriga-o a decidir a serviço de quem ele quer exercer sua atividade. O autor burguês de literatura de entretenimento não reconhece essa alternativa. Vocês lhe demonstram que ele está, sem admitir, a serviço de determinados interesses de classe. Um tipo mais progressista de autor reconhece a alternativa. Conforme se coloca do lado do proletariado, sua decisão se baseia na luta de classes. E assim cessa sua autonomia. Ele direciona sua atividade pelo que é útil para o proletariado na luta de classes. Costumamos dizer que ele segue uma *tendência*.

Eis a palavra-chave ao redor da qual há muito se movimenta um debate que lhes é conhecido. Vocês o conhecem e, por essa razão, estão cientes de seu transcurso infrutífero. Esse debate não conseguiu se desvencilhar do tedioso: de um lado, de outro lado. *De um lado* exigimos que o trabalho do poeta siga

---

[1] Palestra proferida no Instituto para o Estudo do Fascismo, Paris, 27 abr. 1934.
[*] "É preciso trazer os intelectuais para o lado da classe trabalhadora, ao fazê-los tomar consciência da identidade de suas incursões espirituais e de sua condição de produtores." (N. E.)

a tendência correta, *de outro lado* estamos no direito de esperar qualidade desse trabalho. Evidentemente, a fórmula será insatisfatória enquanto não nos tivermos *dado conta* da relação que existe entre ambos os fatores, tendência e qualidade. Podemos decretar sua relação, claro. Podemos afirmar: uma obra que segue a tendência correta não precisa apresentar outras qualidades. Também podemos decretar: uma obra que segue a tendência correta tem, necessariamente, de apresentar todas as outras qualidades.

Essa segunda formulação não deixa de ser interessante; além do mais, é correta. Aproprio-me dela. Mas, ao fazer isso, recuso-me a decretá-la. Essa afirmação tem de ser *comprovada*. Peço sua atenção a fim de tentar comprová-la. Vocês talvez objetem que se trata de um tema muito específico, até distante. E perguntarão: é com uma comprovação dessas que você quer avançar no estudo do fascismo? Sim, é o que pretendo fazer. Pois espero conseguir mostrar que o conceito de tendência, na forma sumária em que geralmente é apresentado no debate já mencionado, é um instrumento totalmente inadequado da crítica política da literatura. Quero mostrar que a tendência de uma poética só pode ser correta politicamente se também for correta literariamente. Isso quer dizer que a tendência politicamente correta engloba uma tendência literária. E acrescento desde já: essa tendência literária, que está contida de maneira implícita ou explícita em cada tendência política *correta*, por si só define a qualidade da obra. Por essa razão, a tendência política correta de uma obra abrange sua qualidade literária – porque ela abrange sua *tendência* literária.

Espero poder lhes prometer que essa afirmação logo se tornará mais clara. No momento, acrescento que também poderia ter escolhido outro ponto de partida para minhas considerações. Parti do debate infrutífero em meio ao qual a relação entre tendência e qualidade da criação poética se encontra. Poderia ter partido de um debate ainda mais antigo, não menos infrutífero, entre forma e conteúdo, principalmente o da poesia política. Esse questionamento está desacreditado, com razão. É considerado exemplo didático para a tentativa de se aproximar com clichês, de maneira não dialética, de relações literárias. Bem. Mas como é o tratamento dialético dessa questão?

O tratamento dialético da questão – e agora estou chegando ao assunto propriamente dito – não tira proveito dos objetos rigidamente isolados: obra, romance, livro. Ele precisa integrá-los nas relações sociais vivas. Com razão, vocês explicam que isso foi feito, reiteradas vezes, no círculo de nossos amigos. Certo. Muitas vezes, porém, a discussão avançou para questões maiores e, por essa razão, necessariamente vagas. Como sabemos, relações sociais são condicionadas por relações de produção. E, quando a crítica materialista se aproximava de uma obra, costumava perguntar como tal obra se situava diante das relações de produção social da época. Trata-se de uma questão importante, mas também muito difícil. Sua resposta nem sempre é inequívoca. E gostaria de lhes propor uma questão mais próxima. Um pouco mais modesta, de objetivos menores, mas que me parece oferecer mais chances à resposta. Em vez de perguntar: "Como a obra se situa adiante das relações de produção da época?"; "Ela está de acordo com essas relações, é reacionária, ou aspira sua transformação?"; "É revolucionária?". Em vez dessas perguntas, ou pelo menos antes delas, sugiro outra. Antes de perguntar como uma criação poética se situa *diante* das relações de produção da época, eu gostaria de questionar como ela se situa *dentro* delas. Essa pergunta mira diretamente na função da obra dentro das relações de produção literária de uma época. Em outras palavras, ela mira diretamente na *técnica* literária das obras.

Ao mencionar o conceito da técnica, referi-me àquele conceito que torna os produtos literários acessíveis a uma análise social imediata; portanto, materialista. Ao mesmo tempo, o conceito da técnica apresenta o ponto de partida dialético; desse ponto, a infrutífera oposição de forma e conteúdo pode ser superada. Além disso, esse conceito de técnica norteia a correta determinação das relações entre tendência e qualidade, sobre as quais perguntamos no começo. Se antes éramos capazes de dizer que a tendência política correta de uma obra abrange sua qualidade literária porque abrange sua tendência literária, agora somos mais acurados ao dizer que essa tendência literária pode consistir num avanço ou num retrocesso da técnica literária.

Certamente terei sua aquiescência ao apresentar aqui, apenas supostamente de chofre, relacionamentos literários bem concretos. Russos. Gostaria de guiar o olhar do leitor a Serguei Tretiakov e ao autor "operativo", definido e personificado por ele. Esse autor operativo oferece o exemplo concreto para a dependência funcional existente, sempre e sob todas as circunstâncias, entre a tendência política correta e a técnica literária progressista. Apenas um exemplo; tomo a liberdade de reservar outros. Tretiakov diferencia o autor operativo do autor informante. Sua missão não é informar, mas combater; não a de fazer o papel de espectador, mas de agir ativamente. Ele a caracteriza por meio dos informes a respeito da própria atividade. Em 1928, na época da coletivização total da agricultura, quando o lema "Escritores aos colcozes!" foi lançado, Tretiakov foi à comuna "Farol Comunista" e, durante duas estadias mais prolongadas, iniciou os seguintes trabalhos: convocação de reuniões de massa; coleta de dinheiro para a aquisição de tratores; convencimento de agricultores individuais a se juntar aos colcozes; inspeção de salas de leitura; criação de jornais murais e direção do jornal do colcoz; reportagens para jornais moscovitas; introdução de emissora de rádio e cinema itinerante etc. Não surpreende que o livro *Feld-herren* [Comandantes do campo], que Tretiakov escreveu ao final dessas estadias, supostamente exerceu considerável influência na constituição de economias coletivistas.

Vocês podem apreciar Tretiakov e ainda assim ser da opinião que seu exemplo não clarifica muita coisa nesse contexto. Talvez vocês contestem dizendo que as tarefas que ele se propôs cumprir são as de um jornalista ou de um propagandista, que pouco têm que ver com a criação literária. Escolhi o exemplo de Tretiakov de propósito, a fim de lhes demonstrar a partir de qual horizonte abrangente temos de repensar as noções de formas ou gêneros literários de nossa condição atual e de encontrar as formas de expressão que se tornem o ponto de apoio para as energias literárias do presente. No passado, nem sempre existiram romances, tampouco necessariamente hão de existir; nem sempre existiram tragédias; nem sempre existiram grandes épicos; nem sempre as formas do comentário, da tradução, mesmo as das chamadas falsificações, foram formas lúdicas à margem da literatura, mas tiveram seu lugar não apenas na escrita filosófica, como também na escrita poética da Arábia ou da China. Nem sempre a retórica foi uma forma irrelevante; na Antiguidade, ela assentou sua marca em grandes províncias da literatura. Tudo isso para familiarizá-los com a ideia de que estamos em meio a um poderoso processo de refundição de formas literárias, no qual vários antagonismos em que nos habituamos a pensar podem perder impacto. Permitam-me dar um exemplo da esterilidade de tais antagonismos e do processo de sua superação dialética. E será novamente Tretiakov. Esse exemplo é o jornal.

Escreve um autor de esquerda*,

> Em nossa literatura, os antagonismos que se frutificavam mutuamente em épocas mais felizes tornaram-se antinomias insolúveis. Dessa maneira, ciência e belas--letras, crítica e produção, educação e política se apartam sem quaisquer conexões e de maneira desordenada. O cenário dessa confusão literária é o jornal. Seu conteúdo é "matéria", que malogra em qualquer outra forma de organização, a não ser naquela imposta pela impaciência do leitor. E essa impaciência não é apenas a do político que aguarda uma informação nem a do especulador que aguarda uma dica, mas por trás dela avoluma-se aquela do homem excluído que crê ter o direito de fazer uso da palavra a partir de seus interesses pessoais. Há muito as redações já tiram proveito de que nada liga tanto o leitor ao jornal quanto essa impaciência que

---

* O "autor de esquerda" é o próprio Benjamin. (N. E.)

diariamente demanda por novo alimento, à medida que elas abrem constantemente novas colunas para perguntas, opiniões, protestos. A assimilação desordenada de fatos segue de mãos dadas com a igualmente desordenada assimilação de leitores, que em pouquíssimo tempo se veem alçados à condição de colaboradores. Um momento dialético esconde-se aí: a derrocada da literatura na imprensa burguesa se apresenta como a fórmula de sua restauração na imprensa russo-soviética. À proporção que a literatura ganha em abrangência o que perde em profundidade, a diferenciação entre autor e público – que a imprensa burguesa mantém viva de maneira convencional – começa a sumir na imprensa soviética. O leitor, entretanto, está sempre disposto a se tornar alguém que escreve (*ein Schreibender*) – seja alguém que descreve (ein Beschreibender), seja alguém que prescreve (*ein Vorschreibender*). Na qualidade de especialista – mesmo se não de uma matéria, mas apenas do posto a que almeja –, ele ganha acesso à condição de autor. O trabalho em si é colocado em palavras. E sua apresentação em palavras é parte da habilidade necessária para seu exercício. A competência literária não se justifica mais pela formação especializada, mas pela politécnica; dessa maneira, torna-se um bem comum. Resumindo, trata-se da literalização das relações de vida que se assenhora das antinomias até então insolúveis, e sua salvação se prepara no cenário do rebaixamento mais inescrupuloso da palavra: o jornal.[2]

Espero com isso ter mostrado que a apresentação do autor como produtor deve retroceder até a imprensa. Pois na imprensa, ao menos na russo-soviética, reconhecemos que o poderoso processo de refundição, o qual mencionei há pouco, não passa por cima apenas de divisões convencionais entre os gêneros, entre escritor e poeta, entre pesquisador e divulgador científico, mas revisa até mesmo a divisão entre autor e leitor. A imprensa é a instância definidora desse processo e, por essa razão, toda consideração do autor como produtor deve avançar até ela.

Entretanto, não é possível parar por aqui. Na Europa ocidental, o jornal ainda é um instrumento de produção adequado nas mãos do autor. Ele ainda pertence ao capital. Visto que o jornal, de um lado – do ponto de vista técnico –, é a mais importante posição da escrita, mas, de outro lado, essa posição está nas mãos do inimigo, ninguém deve se espantar com o fato de que a compreensão do autor sobre seu condicionamento social, seus meios técnicos e sua tarefa política enfrente as maiores dificuldades. Um dos processos mais decisivos dos últimos dez anos na Alemanha foi o de parte significativa de suas cabeças produtivas, sob a pressão das condições econômicas, passar por um de-

---

[2] Walter Benjamin, *Schriften* (Frankfurt am Main, Suhrkamp, 1955), v. 1, p. 384.

senvolvimento revolucionário no plano de suas convicções, sem estar apta, ao mesmo tempo, a repensar de maneira realmente revolucionária seu próprio trabalho, sua relação com os meios de produção, sua técnica. Como veem, falo da chamada inteligência de esquerda, e vou me limitar à inteligência de esquerda burguesa. Na Alemanha, os movimentos político-literários decisivos da última década nasceram daí. Vou citar dois deles, o ativismo e a nova objetividade (*neue Sachlichkeit*), a fim de mostrar, a partir de seu exemplo, que a tendência política – independentemente de quão revolucionária pareça – funciona de maneira contrarrevolucionária enquanto o autor vivencia sua solidariedade com o proletariado apenas segundo suas convicções, mas não como produtor.

O lema que resume as exigências do ativismo chama-se "logocracia" ou domínio do intelecto (*Herrschaft des Geistes*). Gostamos de traduzi-lo como domínio dos intelectuais (*Herrschaft des Geistigen*). O conceito de intelectual (*der Geistige*) se fixou na área da inteligência de esquerda e domina seus manifestos políticos, de Heinrich Mann a Döblin. Podemos perceber facilmente que esse conceito foi criado sem levar em conta a posição da inteligência no processo produtivo. Hiller, o teórico do ativismo, não quer que os intelectuais sejam entendidos como "pertencentes a determinados ramos profissionais", mas como "representantes de certo tipo caracterológico". Evidentemente esse tipo caracterológico encontra-se, como tal, entre as classes. Ele abrange inúmeras existências privadas, sem lhes oferecer o menor apoio a sua organização. Quando Hiller formula sua recusa perante os líderes partidários, admite que os outros dispõem de alguma vantagem; eles podem "ter mais conhecimento em coisas importantes [...] falar com maior proximidade ao povo [...] lutar com mais coragem" do que ele, mas de uma coisa tem-se certeza: eles "pensam de maneira defeituosa". Provavelmente, mas qual é o sentido disso, já que o decisivo na política não é o pensamento individual, e sim – como Brecht afirmou certa vez – a arte de pensar dentro da cabeça dos outros[3]? O ativismo começou a substituir a dialética materialista pelo bom senso, valor indefinível em termos de classe. Seus intelectuais representam, no melhor dos casos, um grupo. Em outras palavras, o princípio da formação dessa coletividade é reacionário; não surpreende que o efeito desse coletivo nunca poderia ser revolucionário.

---

[3] O manuscrito trazia originalmente, no lugar da frase seguinte, outra frase, posteriormente riscada: "Ou, para falar como Trótski: 'Quando os iluminados pacifistas tentam encerrar a guerra mediante argumentos racionais, eles se tornam ridículos. Mas quando as massas armadas começam a apresentar argumentos da razão contra a guerra, então isso significa o fim da guerra'".

Mas o princípio funesto de tal criação coletiva continua agindo. Foi possível dar-se conta disso há três anos, quando da publicação de *Wissen und Verändern!* [Conhecer e modificar!], de Döblin. Esse texto surgiu notadamente como resposta a um jovem – Döblin o chama de sr. Hocke –, que havia se dirigido a um autor famoso com a pergunta "E então?". Döblin convida-o a se juntar à causa do socialismo, mas sob circunstâncias questionáveis. Socialismo, segundo Döblin, é: "Liberdade, união espontânea das pessoas, recusa de qualquer coação, indignação contra injustiça e constrangimento, humanidade, tolerância, sentimento de tolerância". Seja como for, ele parte desse socialismo para fazer frente à teoria e à prática do movimento trabalhador radical. Segundo Döblin, "de nenhuma coisa pode surgir algo que já não estivesse dentro dela – da luta de classes encarniçadamente exacerbada pode surgir justiça, mas não socialismo". Döblin formula da seguinte maneira a sugestão que, por esse e outros motivos, dá ao sr. Hocke:

> O senhor, meu caro, não pode executar seu "sim" de princípio ao combate (do proletariado) à medida que se integra à linha de frente proletária. É preciso dar-se por satisfeito com a aprovação acalorada e amarga dessa batalha, mas o senhor também sabe: ao fazer mais que isso, uma posição extremamente importante permanecerá vaga [...] a posição comunista primordial da liberdade humana individual, da solidariedade e da associação espontâneas dos homens. [...] Essa posição, meu caro, é a única que lhe cabe.

Aqui se torna palpável perceber onde desemboca a concepção do "intelectual" como tipo definido por suas opiniões, suas intenções ou suas disposições, mas não por sua posição no processo de produção. Ele deve – como diz Döblin – encontrar seu lugar *ao lado* do proletariado. Mas que lugar é esse? O de protetor, de mecenas ideológico. Um lugar impossível. E assim retornamos à tese apresentada no início: o lugar do intelectual na luta de classes só pode ser definido – ou melhor, escolhido – por sua posição no processo produtivo.

Brecht criou o conceito de "mudança de função" (*Umfunktionierung*) para a transformação de formas e instrumentos de produção no sentido de uma inteligência mais progressista – por essa razão interessada na libertação dos meios de produção e atuante na luta de classes. Ele foi o primeiro a dirigir aos intelectuais a exigência abrangente de não abastecer o aparelho de produção sem simultaneamente, na medida do possível, o modificar no sentido do socialismo. "A publicação de *Versuche*", assim o autor introduz os textos reunidos sob o mesmo nome, "ocorre num momento em que determinados trabalhos não devem constituir experiências tão individuais (ter o caráter de obra), destinando-se, antes, à utilização (transformação) de determinados institutos e instituições". O que se deseja não é a renovação espiritual, como proclamam os fascistas, mas são sugeridas inovações técnicas. Contento-me aqui com a observação sobre a diferença decisiva existente entre o mero abastecimento de um aparelho de produção e sua transformação. E quero iniciar minhas considerações sobre a "nova objetividade" dizendo que abastecer um aparelho de produção sem o modificar – na medida do possível –, ainda assim, é um procedimento altamente controverso, mesmo que os materiais que abastecem esse aparelho pareçam ser de natureza revolucionária. Estamos diante do fato (para o qual a última década na Alemanha proporcionou muitas comprovações) de que o aparelho burguês de produção e publicação assimila impressionantes quantidades de temas revolucionários e até consegue propagá-los sem questionar seriamente sua própria existência ou a existência da classe que o detém. De todo modo, isso permanece correto enquanto for abastecido por especialistas (*Routiniers*), ainda que especialistas revolucionários. Mas defino o especialista como homem que se nega, por questão de princípio, a afastar o aparelho de produção da classe dominante por meio de melhorias em favor do socialismo. E afirmo novamente que uma parte considerável da assim chamada literatura de esquerda não tinha outra função social que não a de sacar continuamente novos efeitos da situação política a fim de distrair o público. Chego, assim, à nova objetividade. Ela criou a reportagem. Vamos nos perguntar a quem serviu essa técnica?

Para melhor entendimento, coloco sua forma fotográfica em primeiro plano. O que vale para ela pode ser transferido à forma literária. Ambas devem seu extraordinário crescimento à técnica de publicação: o rádio e a imprensa ilustrada. Vamos remontar aos dadaístas. A força revolucionária dos dadaístas consistia em checar a autenticidade da arte. Naturezas-mortas eram compostas de tíquetes de entradas, carretéis de linha, guimbas de cigarro, tudo associado a elementos pictóricos. O todo era emoldurado. E assim se mostrava ao público: vejam, sua moldura implode o tempo; o menor dos fragmentos autênticos da vida real diz mais do que a pintura. Da mesma maneira que a impressão digital ensanguentada de um assassino sobre uma página de livro diz mais do que o texto. Muito dessa conduta revolucionária foi resguardado pela fotomontagem. Basta pensar nos trabalhos de John Heartfield, cuja técnica transformou a capa dos livros em instrumento político. Mas voltemos a acompanhar o caminho da fotografia. O que vemos? Ela se torna cada vez mais nuançada, mais moderna; como resultado, não consegue fotografar mais nenhum conjunto habitacional ou monte de lixo sem o transfigurar. E com relação a uma barragem ou fábrica de cabos elétricos, muito menos declarar algo diferente de "o mundo é belo" – que vem a ser o título de um conhecido livro de imagens de [Albert] Renger-Patzsch, no qual a fotografia da nova objetividade está em seu ápice. Ao registrar a miséria da maneira em voga, perfeccionista, ela logrou transformá-la até mesmo em objeto de fruição. Pois, se uma função econômica da fotografia é oferecer às massas conteúdos cujo consumo lhes era negado no passado – a primavera, os famosos, países estrangeiros – por meio de elaborações na moda, então uma função política que ela tem é a de renovar o mundo tal qual, a partir de seu interior; em outras palavras, renová-lo de acordo com a moda.

Temos um exemplo drástico do que isso significa: abastecer um aparelho de produção sem o modificar. Modificá-lo significaria derrubar novamente uma de suas barreiras, superar uma de suas contradições que aprisionam a produção da inteligência. Nesse caso, a barreira entre a escrita e a imagem. O que temos de exigir da fotografia é a capacidade de dar ao instantâneo aquela legenda que lhe subtraia o desgaste da moda e lhe confira o valor de uso revolucionário. Essas exigências, porém, serão colocadas mais enfaticamente quando nós – escritores – começarmos a fotografar. Também aqui, para o autor como produtor, o progresso técnico é a base de seu progresso político. Em outras palavras, apenas a superação daquelas competências que, no processo da produção intelectual, formam sua ordem segundo a noção burguesa torna essa produção politicamente adequada. E as barreiras de competência de ambas as forças produtivas, que tinham sido erguidas para separá-las, têm de ser quebradas conjuntamente. À medida que vivencia sua solidariedade com o proletariado, o autor como produtor vivencia diretamente uma solidariedade simultânea com determinados produtores que no passado não lhe diziam muito respeito. Falei de fotógrafos; quero me referir muito brevemente a uma citação de Eisler sobre o músico:

> Também no desenvolvimento da música, tanto na produção quanto na reprodução, temos de aprender a reconhecer um processo de racionalização cada vez mais forte. [...] O disco, o filme sonoro e as *jukebox* podem distribuir execuções musicais notáveis como mercadorias em latas de conserva. Esse processo de racionalização faz com que a reprodução musical se limite a grupos de especialistas cada vez menores, mas também mais qualificados. A crise da música de concerto é a crise de uma forma de produção superada, ultrapassada por novas invenções técnicas.

A tarefa consistia, então, numa mudança de função da forma dos concertos, que deveria preencher dois requisitos: primeiro, eliminar a oposição entre executores e ouvintes; segundo, entre técnica e conteúdo. Eisler faz a seguinte observação esclarecedora: "Devemos atentar para não supervalorizar a música orquestral e considerá-la a única arte elevada. A música sem palavras alcançou sua grande importância e expansão total apenas no capitalismo". Ou seja, a tarefa de modificar o concerto não é possível sem a ação conjunta da palavra. Nas palavras de Eisler, essa colaboração é a única maneira de transformar um concerto num encontro político. A partir da peça didática *A decisão*, Brecht e Eisler comprovaram que tal transformação representa, na realidade, um feito elevado da técnica musical e literária.

Se vocês atentarem para o processo de refundição de formas literárias do qual falávamos, será possível ver como a fotografia e a música foram incorporadas naquela massa fluida incandescente, da qual as novas formas são moldadas, e avaliar o que mais as seguirá. Vocês terão a confirmação de que apenas a literalização de todas as relações da vida dá a dimensão correta da abrangência desse processo de fundição, cuja temperatura de realização – de maneira mais ou menos completa – é determinada pela situação da luta de classes.

Referi-me aos procedimentos de certa fotografia que está em moda, a de transformar a miséria num objeto de consumo. À medida que me aproximo da nova objetividade como movimento literário, tenho de dar um passo à frente e dizer que ela transformou a *luta contra a miséria* num objeto de consumo. Na realidade, em muitos casos, ela consumiu seu significado político com a conversão de reflexos revolucionários que surgiam na burguesia em objetos de distração, do lazer, inseridos sem dificuldades no negócio de cabaré das grandes cidades. A transformação sofrida pela luta política – de uma obrigação por decidir em um objeto do prazer contemplativo, de um meio de produção em um artigo de consumo – caracteriza essa literatura. Um crítico sagaz[4] explicou isso a partir do exemplo de Erich Kästner da seguinte maneira:

> Essa inteligência de esquerda radical não tem nada que ver com o movimento dos trabalhadores. Como um fenômeno de decomposição burguesa, ela é muito mais a contrapartida do mimetismo feudal que o império admirou no tenente da reserva. Os publicitários da esquerda radical do quilate de Kästner, Mehring ou Tucholsky são o mimetismo proletário de camadas decadentes da burguesia. Do ponto de vista político, sua função não é a de engendrar partidos, mas grupos; do ponto de

---

[4] Cf. Walter Benjamin, "Linke Melancholie. Zu Erich Kästner neuem Gedichtbuch", em *Die Gesellschaft*, v. 1, n. 8, 1931, p. 182 e seg. [ed. bras.: "Melancolia de esquerda: a propósito do novo livro de poemas de Erich Kästner", trad. Sérgio Paulo Rouanet, em *Magia e técnica, arte e política*, v. 1: *Ensaios sobre literatura e história da cultura*, São Paulo, Brasiliense, 1986]; a autocitação modificou o texto original.

vista literário, não escolas, mas modas; do ponto de vista econômico, não produtores, mas agentes. Agentes ou especialistas (*Routiniers*) que fazem muito alarde de sua pobreza e transformam a monotonia sonolenta em uma festa. Impossível arranjar-se mais comodamente numa situação incômoda.

Essa escola, como eu disse, fez muito alarde de sua pobreza. Dessa maneira, afastou-se da tarefa mais urgente do autor de hoje: o reconhecimento do quanto é pobre e de quão pobre precisa ser, a fim de conseguir começar do zero. Pois esse é o ponto. Embora o Estado soviético não vá expulsar os poetas, como fez o de Platão, vai lhe passar tarefas – e por isso me recordei do Estado platônico no início – que não lhe permitem apresentar a riqueza há tempos falsificada da personalidade criativa em novas obras-primas. Esperar uma renovação no sentido dessas personalidades, obras assim, é um privilégio do fascismo, que cria formulações tão toscas como aquela com que Günter Gründel encerra sua rubrica literária em *Sendung der jungen Generation* [Missão da jovem geração]: "Não poderíamos fechar melhor esse panorama senão atentando para o fato de que o *Wilhelm Meister* ou o *Verde Henrique* de nossa geração até hoje não foram escritos". Nada está mais distante do que aguardar ou desejar tais obras do autor que refletiu sobre as condições atuais de produção. Seu trabalho não envolverá apenas os produtos, mas sempre, simultaneamente, os meios de produção. Em outras palavras, ao lado do caráter de obra, seus produtos devem ter uma função organizadora. E de modo nenhum sua utilização organizativa pode limitar-se à propagandística. Só a tendência não garante nada. O excelente Lichtenberg afirmou: não importa a opinião da pessoa, e sim que tipo de pessoa essa opinião faz dela. Claro que a opinião tem muita importância, mas mesmo a melhor delas não serve de nada se não tornar útil aqueles que as têm. A melhor tendência é errada se não mostra a atitude com a qual temos de segui-la. E o escritor só pode apresentar essa atitude quando faz alguma coisa: ou seja, quando escreve. A tendência é a condição necessária, nunca suficiente, de uma função organizativa das obras. Essa exige ainda o comportamento diretivo, instrutivo, daquele que escreve. *Um autor que não ensina nada aos que escrevem não ensina nada a ninguém.* Dessa maneira, o caráter de modelo da produção é decisivo: primeiro, deve-se orientar os outros produtores na produção e, em segundo lugar, disponibilizar-lhes um aparelho melhorado. E esse aparelho é tanto melhor quanto mais consumidores levar de volta à produção; ou seja, quanto mais for capaz de transformar leitores ou espectadores em colaboradores. Já dispomos de um modelo desse tipo, mas ao qual aqui só posso fazer alusões. Trata-se do teatro épico de Brecht.

Vez ou outra, são escritas tragédias e óperas às quais aparentemente se disponibiliza um aparato cênico já bastante garantido, mas na realidade elas são abastecidas por um aparado obsoleto. "Essa falta de clareza reinante entre músicos, autores e críticos sobre sua situação", diz Brecht,

> tem extraordinárias consequências pouco levadas em consideração. Ao acreditar que estão de posse de um aparelho que, na realidade, os possui, eles defendem um aparelho sobre o qual não têm mais controle, que não é mais – como ainda acreditam – um meio para os produtores, mas que se tornou meio contra os produtores.

O teatro das engrenagens complicadas, do enorme engajamento de figurantes e dos efeitos refinados tornou-se um meio contra os produtores não apenas porque procura recrutar os produtores para a concorrência desesperançada na qual o cinema e o rádio os meteram. Esse teatro – independentemente de pensarmos naquele de formação ou naquele de lazer, pois ambos são complementares – é o de um estrato saturado; tudo o que cai em suas mãos se torna estimulante. O lugar que ocupa é um lugar perdido. Não é esse o caso de um teatro que, em vez de concorrer com os novos instrumentos de publicação, procura aplicá-los e aprender com eles, ou seja, confrontá-los. O teatro épico tomou esse confronto como causa. Comparando-o com o estágio atual do desenvolvimento do cinema e do rádio, é o mais contemporâneo.

No interesse daquele confronto, Brecht se voltou aos elementos mais primordiais do teatro. De certa maneira, ele se contentou com um pódio. Abriu mão de ações espaçosas. Assim, foi possível modificar a relação funcional entre palco e público, texto e encenação, diretor e atores. O teatro épico, ele explicou, tem menos de desenvolver ações do que apresentar situações. Ele obtém tais situações, como veremos a seguir, ao interromper as ações. Recordo-lhes aqui as canções, que têm como função principal a interrupção da ação. Nesse momento, fica claro que o teatro épico – ou seja, que aplica o princípio da interrupção – adota um procedimento que lhes é conhecido nos últimos anos de cinema e rádio, imprensa e fotografia. Refiro-me ao procedimento da montagem: a montagem interrompe o contexto no qual está inserida. Permitam-me justificar brevemente por que esse procedimento tem aqui sua legitimidade total.

A interrupção da ação, motivo pelo qual Brecht designou seu teatro como épico, confronta constantemente a ilusão do público. É que tal ilusão é inadequada para um teatro que pretende examinar os elementos da realidade no sentido de uma ordenação experimental. Mas as situações estão no final dessa experiência, não no começo. Situações essas que, de uma maneira ou de outra, sempre são as nossas. Elas não são aproximadas do público, elas se distanciam dele. Com espanto, o público as reconhece como as verdadeiras situações – e não como no teatro do naturalismo, com presunção. O teatro épico não reproduz as situações; antes, as descobre. A descoberta das situações acontece por meio da interrupção do curso dos acontecimentos. Entretanto, a interrupção aqui não tem um caráter de excitação, mas uma função organizativa. Ela congela a ação que se desenrola, obrigando o espectador a tomar posição em relação à ação e ao ator, em relação a seu papel. Quero lhes mostrar, com um exemplo, como a descoberta e a figuração do gestual de Brecht são uma reconversão dos métodos de montagem (decisivos no cinema e no rádio), passando de mero procedimento que muitas vezes está em voga para um acontecimento humano. Imaginem a seguinte cena de família: a mulher está em vias de pegar uma estatueta de bronze para lançá-la contra a filha; o pai, prestes a abrir a janela para pedir ajuda. Nesse momento, um estranho entra. A ação é interrompida; o que surge em seu lugar é a situação sobre a qual o olhar do estranho recai: expressões alteradas, janela aberta, móveis danificados. Mas há um olhar diante do qual nem mesmo as cenas mais convencionais são tão diferentes. Trata-se do olhar do dramaturgo épico.

Ele opõe a obra de arte total ao laboratório dramático. Ele retrocede, de uma nova maneira, à antiga grande chance do teatro – à exposição do que é presente. O ser humano está no centro de suas experiências. O homem de hoje; ou seja, um homem reduzido, resfriado num ambiente frio. Mas como esse é o único que está à disposição, temos interesse em conhecê-lo. Ele passará por provas, avaliações. O resultado é o seguinte: o acontecimento não pode ser alterado em seus pontos altos, não por meio da virtude e decisão, mas simplesmente em seu transcurso rigidamente habitual, por meio da razão e do exercício. O sentido do teatro épico é construir a partir dos menores elementos dos modos de comportamento aquilo que na dramaturgia aristotélica é chamado de "agir". Por essa razão, seus meios são mais modestos que os do teatro tradicional – seus objetivos também. Seu objetivo é menos preencher o público com sentimentos, ainda que de revolta, do que fazer com que esse público sinta um estranhamento duradouro em relação às condições em que vive. Observemos, ainda que de modo casual, que para o pensar não há melhor começo que o rir. E uma agitação do diafragma geralmente oferece melhores condições ao pensamento do que a agitação da alma. O teatro épico é copioso apenas em motivos para rir.

Talvez vocês tenham notado que os processos de pensamento – de cujas conclusões nos aproximamos – apresentam ao autor apenas uma exigência, a exigência de *refletir*, de meditar sobre seu lugar no processo de produção. Podemos nos fiar nisto: essa reflexão faz com que os autores *que importam* – quer dizer, os melhores técnicos de sua especialidade – cheguem, cedo ou tarde, a conclusões que justificam da maneira mais sóbria sua solidariedade com o proletariado. Por fim, gostaria de apresentar uma comprovação atual na forma de um pequeno trecho da revista local chamada *Commune*, que organizou uma pesquisa: "Para quem você escreve?". Cito a resposta de René Maublanc, bem como as observações suplementares de Aragon. Maublanc diz: "Sem dúvida, escrevo quase exclusivamente para um público burguês. Primeiro, porque tenho necessidade" – aqui, Maublanc aponta para suas obrigações profissionais como professor do ginásio;

> segundo, porque sou de origem burguesa, tive educação burguesa e venho de um meio burguês; desse modo, tendo naturalmente a me dirigir à classe à qual pertenço, a que melhor conheço e a que melhor consigo compreender. Mas isso não significa que eu escrevo para agradá-la nem para apoiá-la. De um lado, estou convencido de que a revolução proletária é necessária e desejável; do outro, que será mais rápida, fácil, vitoriosa e menos sangrenta quanto mais fraca for a resistência da burguesia. [...] O proletariado necessita hoje de aliados do lado da burguesia, exatamente como no século XVIII a burguesia necessitou de aliados do lado feudal. Quero fazer parte desses aliados.

Aragon observa o seguinte:

> Nosso camarada toca aqui num assunto que diz respeito a um grande número de escritores atuais. Nem todos têm a coragem de encarar isso de frente. [...] São raros aqueles que dispõem de tanta clareza em relação à própria situação como René Maublanc. Justamente deles é que temos de exigir ainda mais. [...] Não é suficiente enfraquecer a burguesia de dentro para fora, é preciso combatê-la juntamente com o proletariado. [...] Diante de René Maublanc e de muitos amigos nossos entre os escritores que ainda estão indecisos, há o exemplo dos autores russos que saíram da burguesia russa e que, apesar disso, se tornaram pioneiros da construção socialista.

Foi o que disse Aragon. Mas como eles se tornaram pioneiros? Certamente não sem batalhas muito amargas, discussões difíceis. As reflexões que lhes apresentei tentam tirar proveito dessas batalhas. Elas se apoiam no conceito que clareou decisivamente o debate sobre a postura dos intelectuais russos: o conceito do especialista. A solidariedade do especialista com o proletariado – eis o início dessa clarificação – só pode ser uma solidariedade mediada. Os ativistas e os representantes da nova objetividade podem comportar-se como quiserem: lhes é impossível eliminar do mundo o fato de que mesmo a proletarização dos intelectuais quase nunca cria um proletário. Por quê? Porque a classe burguesa lhe entregou, por meio da educação, um meio de produção; e o privilégio da educação torna o intelectual solidário à classe burguesa e, mais intensamente, a torna solidária a ele. Por essa razão, é absolutamente correto quando Aragon declara, em outro contexto: "O intelectual revolucionário aparece primeiro, e acima de tudo, como traidor de sua classe de origem". Essa traição consiste, no caso do autor, num comportamento que o transforma de fornecedor do aparelho de produção num engenheiro que considera sua tarefa adequá-lo aos objetivos da revolução proletária. Trata-se de uma eficácia mediada, mas que acaba por libertar o intelectual daquela tarefa puramente destrutiva à qual Maublanc e muitos colegas consideram necessário ter de se limitar. Será que ele conseguirá incentivar a socialização dos meios de produção intelectual? Ele enxerga os caminhos para organizar os trabalhadores intelectuais no próprio processo de produção? Tem sugestões para a mudança de função (*Umfunktionierung*) do romance, do drama, do poema? Quanto mais ele for capaz de adequar sua atividade em relação a essa tarefa, mais correta estará a tendência, maior também será, necessariamente, a qualidade técnica de seu trabalho. Por outro lado, quanto mais ele estiver ciente de seu posto no processo de produção, menos se apresentará como "representante do 'espírito'" ("*Geistiger*"). O espírito que se torna perceptível em nome do fascismo *tem* de desaparecer. O espírito que enfrentará o fascismo confiando em sua própria força milagrosa *vai* desaparecer. Pois a batalha revolucionária não se dá entre o capitalismo e o espírito, mas entre o capitalismo e o proletariado.

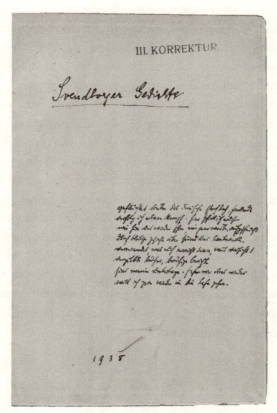

Frontispício do original para revisão de *Poemas de Svendborg* (*Svendborger Gedichte*), de Bertolt Brecht, 1938.

Conversas com Brecht
Anotações de Svendborg

1934

4 de julho. Longa conversa na enfermaria de Brecht em Svendborg, ontem, sobre meu ensaio "O autor como produtor". Na opinião de Brecht, a teoria ali desenvolvida – a de que um critério decisivo de uma função revolucionária da literatura consiste nos progressos técnicos que resultam em uma mudança de função das formas artísticas e, portanto, dos meios de produção intelectual – vale apenas para um tipo: o do escritor da grande burguesia, no qual ele se inclui. "Esse", disse ele,

> é de fato solidário com os interesses do proletariado em um ponto: o ponto do desenvolvimento de seus meios de produção. Mas, na medida em que está nesse ponto, está também proletarizado como produtor, por completo, nesse mesmo ponto. Essa proletarização integral num ponto torna-o solidário com toda linha do proletariado.

Brecht considerou muito abstrata minha crítica aos escritores proletários de observância becherista. Ele procurou corrigi-la por meio de uma análise do poema de Becher publicado num dos últimos números de uma das revistas oficiais de literatura proletária, intitulado "Ich sage ganz offen..." [Digo abertamente]. Brecht comparou-o, de um lado, com seu poema didático sobre a arte dramática para Carola Neher. De outro, com "Le Bateau ivre" ["O barco ébrio", de Rimbaud]. "Ensinei várias coisas a Carola Neher", disse.

> Ela não apenas aprendeu a representar; comigo, aprendeu, p. ex., a se lavar. É que ela se lavava para deixar de estar suja. Isso estava fora de questão. Ensinei-lhe como lavamos o rosto. Depois, ela o fez com tanta perfeição que quis filmá-la em ação. Mas não foi possível, porque na época eu não estava com vontade de filmar, e ela não queria ser filmada por outra pessoa. Esse poema didático pode servir de modelo. Cada aprendiz está determinado a ficar no lugar do "eu" do poema. Ao dizer "eu", Becher – na qualidade de presidente da União dos Escritores Proletários-Revolucionários da Alemanha – considera-se modelo. Só que ninguém quer imitá-lo. Apenas somos informados de que ele está satisfeito consigo mesmo.

Nessa ocasião, Brecht declarou que há tempos tem intenção de escrever uma série de poemas modelares para profissões diversas – o engenheiro, o escritor. Por outro lado, compara o poema de Becher com o de Rimbaud. Em sua opinião, se Marx e Lênin tivessem lido este último, teriam percebido o grande movimento histórico do qual é expressão. Eles teriam reconhecido facilmente que o que se descreve não é o passeio excêntrico de um homem, mas a fuga, o vagabundear de um homem que não suporta mais as barreiras de uma classe que começava – com a Guerra da Crimeia, com a aventura mexicana – a abrir também os destinos exóticos da Terra para seus interesses mercantis. Trata-se de algo da ordem do impossível integrar na representação modelar de um batalhador proletário os gestos do vagabundo sem amarras, que confia suas questões ao destino, que dá as costas à sociedade.

6 de julho. Brecht, no transcorrer da conversa de ontem:

> Muitas vezes penso num tribunal me interrogando. "Explique melhor. O senhor está falando sério?" Eu teria de reconhecer: não totalmente sério. Afinal, também penso muito no artístico, naquilo que beneficia o teatro, e não dá para ser totalmente sério assim. Mas, ao negar essa importante pergunta, eu acabaria por acrescentar uma afirmação ainda mais importante: a de que meu comportamento é *permitido*.

Trata-se, por certo, de uma afirmação feita com a conversa já adiantada. Brecht não começou duvidando da licitude de sua atitude, mas de seu impacto. A partir de algumas observações que fiz sobre Gerhart Hauptmann, ele afirmou: "Às vezes me pergunto se esses não são mesmo os únicos poetas que realmente alcançam alguma coisa: os *escritores de substância* (*Substanz-Dichter*), quero dizer". Para Brecht, esses são os que levam as coisas totalmente a sério. A fim de explicar essa noção, ele parte da fantasia de que Confúcio haveria escrito uma tragédia – ou Lênin, um romance. Ele explica que isso lhes seria tido como impróprio e um comportamento indigno.

> Vamos supor que você leia um extraordinário romance político e mais tarde descubra que é de Lênin; sua opinião a respeito mudaria e se tornaria desfavorável aos dois. Confúcio também não poderia escrever uma peça de Eurípedes, pois seria considerado indigno. Mas suas parábolas não o são.

Resumindo, trata-se da diferenciação de dois tipos literários: de um lado, o visionário, que leva as coisas a sério; de outro, o refletido, que não leva tudo tão a sério. Nesse ponto, levanto a questão sobre Kafka. A qual dos grupos ele pertence? Sei que a pergunta não tem resposta. E exatamente sua indeterminação é o sinal, para Brecht, de que Kafka – que ele considera um grande escritor, como Kleist, Grabbe ou Büchner – é um fracassado. Seu ponto de partida é realmente a parábola, a alegoria que deve responder à razão e, por esse motivo, não pode ser levada totalmente a sério no que diz respeito a sua literalidade. Mas essa parábola está submetida, ainda, à composição. Ela toma a dimensão de um romance, do qual carregava desde o início uma semente. Nunca foi totalmente transparente. Aliás, Brecht está convencido de que Kafka não teria encontrado sua própria forma sem o grande inquisidor de Dostoiévski e aquelas outras parábolas de *Os irmãos Karamázov*, em que o cadáver do santo ancião começa a feder. Em Kafka, o parabólico está em conflito com o visionário. Mas Brecht diz que, como visionário, Kafka viu o que estava por vir, sem ver o quê. Ele enfatiza, como fez antes em Le Lavandou, mas de maneira mais clara para mim, o lado profético em sua obra. E diz que Kafka tem um problema, apenas um, o da organização. Ele se abalou com o medo do Estado das formigas: como os seres humanos se distanciam mutuamente (*sich selbst entfremden*) por meio das formas de sua vida coletiva. E certas formas desse distanciamento tinham sido previstas por ele, como o método da [polícia secreta russa] GPU. Mas ele não encontrou uma solução e não despertou de seu pesadelo. Sobre a precisão de Kafka, Brecht diz que ela é da ordem do impreciso, do sonhador.

12 de julho. Ontem, após o jogo de xadrez, Brecht disse:

> Bem, se Korsch vier, teremos de inventar um novo jogo com ele. Um jogo em que as posições não sejam sempre as mesmas; em que a função das peças se modifique depois de terem permanecido no mesmo lugar durante certo período: elas se tornariam mais eficazes ou mais fracas. Não é assim que funciona; as coisas permanecem iguais por um tempo longo demais.

23 de julho. Ontem, visita de Karin Michaelis, que acabou de regressar de sua viagem à Rússia e está exultante. Brecht se recordou da sua, guiada por Tretiakov. Esse lhe apresentou Moscou, orgulhoso do que mostrou ao visitante – independentemente do quê: "Não é ruim", disse Brecht, "pois indica que pertence a ele. Não temos orgulho das coisas dos outros". Depois de um tempo, ele acrescentou: "Sim, mas no final fiquei um pouco cansado. Afinal, são seus soldados, seus caminhões. Infelizmente não são meus".

24 de julho. Sobre uma das vigas que sustentam o teto do escritório de Brecht, estão desenhadas as palavras: "A verdade é concreta". Um pequeno burro de madeira que balança a cabeça está junto à janela. Brecht colocou uma plaquinha nele, na qual escreveu: "Também eu tenho de entender isso".

5 de agosto. Há três semanas entreguei a B. meu ensaio sobre Kafka. Ele certamente o leu, mas nunca puxou esse assunto e, nas duas vezes que tentei conduzir a conversa para isso, respondeu de forma evasiva. Por fim, sem dizer nada, peguei de volta o manuscrito. Ontem à noite, ele voltou de súbito a esse ensaio. A transição, um tanto direta e arriscada, veio na forma de uma observação de que também eu não podia me sentir totalmente isento da reprovação de escrever na forma de diário, no estilo de Nietzsche. Segundo ele, meu ensaio sobre Kafka, por exemplo – que se ocupou de Kafka apenas do lado fenomenológico –, pega a obra como algo que cresceu por si – o homem também –, dissociando-a de todas as conexões, inclusive da conexão com seu autor. Brecht disse que eu me ocupo somente da *essência*. Por outro lado, a maneira correta de abordar o tema, em sua opinião: é preciso se aproximar de Kafka perguntando: "O que ele faz?"; "Como se comporta?". E, no começo, deve-se focar mais no geral do que no particular. Pois, então, conclui-se: ele viveu em Praga num desfavorável ambiente de jornalistas, de literatos presunçosos; nesse mundo, a literatura era a realidade principal, senão a única; as forças e as fraquezas de Kafka estão ligadas a tal concepção; seu valor artístico e também sua inutilidade múltipla. Ele é um rapaz judeu – assim como também seria possível cunhar o termo rapaz ariano –, uma criatura frágil, desagradável, uma bolha sobre o pântano cintilante da cultura de Praga, apenas isso. E ele continua: também há determinados lados, muito interessantes. É possível ressaltá-los; é preciso imaginar uma conversa de Lao-tsé com o discípulo Kafka. Lao-tsé diz:

> Bem, discípulo Kafka, as organizações, as formas sociais e econômicas nas quais você vive se tornaram angustiantes? – Sim. – Você não consegue mais se orientar nelas? – Não. – Ações da Bolsa lhe são estranhas? – Sim. – E agora você pede um líder ao qual você pode se apoiar, discípulo Kafka.

Claro que isso é reprovável, diz Brecht. E mais: afinal, eu rejeito Kafka. Ele cita a parábola de um filósofo chinês sobre "os sofrimentos da utilidade". Na floresta, há diversos troncos. Dos mais grossos, vêm as tábuas de barcos; dos troncos menos grossos, mas ainda imponentes, as tampas de caixas e féretros; dos bem finos, as varetas; dos tortos, entretanto, não vem nada – eles escapam dos sofrimentos da utilidade.

É preciso olhar para aquilo que Kafka escreveu como estando em meio a tal floresta. Vamos encontrar um tanto de coisas muito úteis. As imagens são boas. O resto, porém, é dissimulação (*Geheimniskrämerei*). O que é bobagem. É preciso deixar isso de lado. Não se avança com a profundidade. A profundidade é uma dimensão para si, é apenas profundo – lá onde nada emerge.

No final, expliquei a B. que me aprofundar é meu jeito de chegar aos antípodas. Em meu trabalho sobre Kraus, cheguei ali. E sabia que o ensaio sobre Kafka não fora tão bem-sucedido: não era possível negar as anotações no estilo de diário. Na realidade, me interessa o confronto no espaço fronteiriço determinado por Kraus e, de outro modo, por Kafka. Por fim, que no caso de Kafka ainda não analisei esse espaço. E que tenho consciência de que há muito entulho e lixo, muita dissimulação pura e simples. Mas o que importa é certamente outra coisa, e meu trabalho tocou nisso em alguma medida. Disse ainda que o questionamento de Brecht deveria ser avaliado na interpretação de uma obra específica. Propus "A próxima aldeia". Pude observar o conflito em que B. se meteu com a proposta. Ele rejeitou com veemência a conclusão de Eisler de que essa história seria "sem valor". Por outro lado, não quis definir seu valor. "Seria preciso estudá-la com exatidão", disse ele. Em seguida, a conversa cessou; eram dez horas, tempo das notícias radiofônicas de Viena.

31 de agosto. Anteontem, um longo e animado debate sobre meu Kafka. Sua base: a acusação de que ele favorece o fascismo judeu. De que amplia e dissemina o obscuro ao redor dessa figura em vez de dissipá-lo. Diante disso, falou Brecht, o que importa é iluminar Kafka; quer dizer, formular as sugestões praticáveis que podem ser extraídas de suas histórias. É de se supor que podemos extrair sugestões delas, nem que seja em razão da calma soberana que determina a atitude dessas narrativas. Entretanto, é preciso procurar essas sugestões no sentido das grandes catástrofes gerais que se abatem sobre a humanidade hoje. Brecht procura registro delas na obra de Kafka. Ele se atém basicamente à obra *O processo*. Em sua opinião, nela se encontra, sobretudo, o medo do crescimento incessante e irrefreável das grandes cidades. Ele diz conhecer, por experiência própria, o pesadelo que essa ideia provoca no ser humano. As excessivas mediações, dependências, compartimentações que os homens enfrentam por meio de suas formas contemporâneas de existência encontram expressão nessas cidades. Estes, por sua vez, encontram expressão no desejo por um "líder" – num mundo em que uns acusam os outros e todos se safam, este último representa para o pequeno-burguês aquele que pode ser culpado por todos os seus fracassos. Brecht considera *O processo* um livro profético. "Sabemos pelo exemplo da Gestapo o que a Tcheka pode se tornar." A perspectiva de Kafka: a do homem que caiu debaixo das rodas. Odradek é característico: na interpretação de Brecht, a preocupação do pai de família está representada pelo zelador do imóvel. O pequeno-burguês tem de se dar mal. Sua situação é a de Kafka. Mas, enquanto o tipo corrente de pequeno-burguês – ou seja, o fascista – decide, por causa da situação, aplicar sua vontade férrea, inquebrantável, Kafka é sábio, mal se opõe. Onde o fascista emprega o heroísmo, ele emprega perguntas. Ele pergunta por garantias para sua condição. Mas essa é tal que as garantias teriam de ir além de qualquer padrão razoável. Trata-se de uma ironia kafkiana que o homem que não parece estar convencido de nada, exceto da caducidade de todas as garantias, fosse um agente de seguros. Aliás, seu pessimismo ilimitado está livre de qualquer sentimento trágico de destino. Pois não apenas a expectativa do insucesso está calçada empiricamente – entretanto, ali consumada –, mas de maneira incorrigivelmente ingênua ele deposita o critério do sucesso final nos eventos mais insignificantes e cotidianos: a visita de um caixeiro-viajante ou algum questionamento numa repartição. A conversa se concentrou por algum tempo no conto "A próxima aldeia". Brecht explica: ele é o oposto da história de Aquiles e a tartaruga. Ninguém chega à aldeia seguinte juntando as menores partes de sua cavalgada, sem contar os contratempos. Por essa razão, a vida é muito curta para a cavalgada. Mas há um erro nesse "ninguém". Assim como a cavalgada é decomposta, o cavaleiro também é. E, quando a unidade da vida some, também some sua brevidade. Ela pode ser breve à vontade. Isso não importa, pois outra pessoa (que não é a que sai a cavalo) chega à aldeia. De minha parte, dou a seguinte interpretação: a verdadeira medida da vida é a lembrança. Olhando para trás, ela atravessa a vida como um raio. Com a mesma rapidez que folheamos algumas páginas para trás, ela foi da aldeia seguinte ao lugar do qual o cavaleiro decidiu partir. Aqueles cujas vidas se transformaram em escrita, como o velho, querem ler essa escrita apenas de trás para frente. Somente então encontram a si mesmos e somente então – na fuga do presente – conseguem entendê-la.

27 de setembro, Dragør. Numa conversa noturna que aconteceu há alguns dias, Brecht expôs a incrível indecisão que no momento atrapalha a determinação de seus planos. O que causa essa indecisão são – como ele mesmo afirma – os privilégios que diferenciam sua situação pessoal daquela da maioria dos emigrantes. Se, no geral, ele pouco admite a emigração como base de ações e planos, servir-se dela, em seu caso, é algo irrevogavelmente denegado. Seus planejamentos são mais abrangentes. Ele está diante de uma alternativa. De um lado, aguardam esboços de prosa. O menor, Ui – uma sátira de Hitler no estilo dos historiógrafos do Renascimento –, e o maior, o romance de Tui*. O romance de Tui pretende dar uma visão geral enciclopédica sobre os disparates dos Telectuais-In (dos intelectuais); parece que se passará, ao menos em parte, na China. Um pequeno modelo dessa obra está pronto. Ao lado dos projetos de prosa, ele está ocupado com aqueles que remontam a estudos e reflexões muito antigos. Enquanto as reflexões, que surgiram no âmbito do teatro épico, puderam ser registradas, no pior dos casos, nas notas e nas introduções de *Versuche*, as reflexões que se originaram dos mesmos interesses desde que se uniram ao estudo do leninismo, de um lado, e às tendências das ciências naturais dos empíricos, do outro, suplantaram esses contextos tão limitados. Há anos elas se agrupam sob esse ou aquele conceito, de modo que a lógica não aristotélica, a teoria comportamental, a nova enciclopédia, a crítica das ideias alternaram-se no centro do trabalho de Brecht. Essas diferentes ocupações convergem atualmente na ideia de um poema didático filosófico. Os escrúpulos de Brecht partem da seguinte questão: se ele – em função de sua produção até o momento, mas principalmente tendo em vista suas partes satíricas e *Romance dos três vinténs* – conseguiria obter o crédito necessário junto ao público para tal empreitada. Essa dúvida conjuga dois pensamentos diferentes. Primeiro, conforme cresce o envolvimento de Brecht com o problema e os métodos da luta de classes proletária, manifestam-se algumas considerações sobre a expressão das posturas satírica e irônica como tais. Mas essas considerações – que são de natureza prática – não seriam compreendidas caso fossem identificadas com outras, mais profundas. As considerações de uma camada mais profunda se dirigem ao elemento artístico e lúdico da arte, mas principalmente àqueles momentos que a tornam parcial e ocasionalmente refratária à razão. Esses esforços hercúleos de Brecht, de legitimar a arte perante a razão, remetiam-no a cada vez à parábola, na qual a maestria artística se justifica porque os elementos da arte desaparecem dela no final. E são exatamente esses esforços pela parábola que se impõem atualmente com forma radical nas reflexões que despontam no poema didático. No transcorrer da conversa, tentei explicar para Brecht que tal poema didático deveria buscar sua aprovação menos entre o público burguês do que entre o proletário, que supostamente vai fixar seus critérios menos na produção anterior de Brecht, em parte de orientação burguesa, do que no conteúdo dogmático e teórico da poesia didática em si. "Se

---

* O romance de Tui não chegaria a ser concluído. Já a sátira de Hitler se tornou uma peça – não mais em moldes renascentistas, mas ambientada na Chicago dos gângsteres –, *A resistível ascensão de Arturo Ui*, que Brecht escreveu em 1941. (N. E.)

esse poema didático conseguir mobilizar a autoridade do marxismo para si", eu lhe disse, "então sua produção anterior pouco poderá abalá-la".

4 de outubro. Ontem Brecht partiu para Londres. Aquilo que ele próprio chama de atitude provocadora de seu pensamento se torna agora muito mais perceptível na conversa do que antes – seja porque Brecht se sente tentado a isso devido a minha presença, seja porque está mais disposto a tanto nos últimos tempos. Sim, noto um vocabulário especial, surgido dessa atitude. Ele gosta de usar o termo "linguicinha" ("*Würstchen*"*) com essas intenções. Em Dragør, li *Crime e castigo*, de Dostoiévski. Primeiro, ele afirmou que essa leitura era a principal responsável por minha doença. E, para reforçar, contou como uma doença (que provavelmente já o havia infectado tempos atrás) se manifestou nele quando certa tarde um colega de escola tocou Chopin ao piano; ele estava fraco demais para protestar. Brecht considera que Chopin e Dostoiévski têm influências malignas sobre a saúde. Mas ele também se posicionou de todas as maneiras em relação a minha leitura e, visto que ao mesmo tempo ele estava lendo *Schweyk*, não se furtou em comparar o valor dos dois autores. Assim, Dostoiévski não seria páreo para Hasek e deveria ser incluído sem mais aos "*Würstchen*"; e não faltou muito para que tivesse sido estendida a suas obras a denominação que Brecht ultimamente reserva àquelas sem caráter explicativo ou que o negam: ele as chama de "maçaroca" ("*Klump*").

1938

28 de junho. Eu estava no meio de um labirinto de escadas. Esse labirinto não estava totalmente coberto. Subi; outras escadas levavam para baixo. Em um patamar, percebi que chegara ao ponto mais alto. Abriu-se uma visão sobre toda a área. Vi outras pessoas sobre outros picos. Uma delas foi subitamente acometida por tonturas e caiu. Essa tontura espalhou-se; outras pessoas caíram de outros picos. Quando também eu fui cometido dessa sensação, acordei.

Em 22 de junho, encontrei-me com Brecht.

Brecht aponta para a elegância e a despreocupação na atitude de Virgílio e de Dante e as caracteriza como o fundo do qual se ergue o grande "*gestus*" de Virgílio. Ele chama os dois de "*promeneurs*". E enfatiza a categoria clássica de *Inferno*: "Dá para lê-lo ao ar livre".

---

* "*Würstchen*" é usado coloquialmente como sinônimo de "pobre coitado", "pessoa insignificante". (N. T.)

Brecht fala de seu enraizado ódio, herdado da avó, pelos padres. Ele deixa entrever que aqueles que se apropriaram do ensinamento teórico de Marx e o manejam sempre formarão uma camarilha de padres. O marxismo se presta muito facilmente à "interpretação". Ele tem cem anos de idade e deu mostras... (nesse momento, somos interrompidos). "'O Estado deve sumir.' Quem diz isso? O Estado." (Aqui ele só pode estar se referindo à União Soviética.) Brecht se coloca diante da poltrona na qual estou sentado, sagaz, dissimulado – está representando o "Estado" – e com um olhar de soslaio desconfiado, e diz a um mandante imaginário: "Sei que *devo* desaparecer".

Uma conversa sobre os novos romances soviéticos. Não os acompanhamos mais. Daí chegamos à lírica e à tradução lírica russo-soviética a partir das mais diversas línguas, que inundam a *Das Wort**. Brecht acha que os autores lá estão em dificuldades. "Considera-se algo premeditado quando o nome de Stálin não aparece num poema."

29 de junho. Brecht fala do teatro épico; cita o teatro infantil, no qual os erros da montagem, funcionando como efeitos de estranhamento, conferem traços épicos à apresentação. Pode acontecer algo parecido no teatro mambembe (*Schmiere*). Lembrei-me da apresentação de *El Cid* em Genebra; quando olhei pela primeira vez para a coroa torta na cabeça do rei, surgiram as primeiras ideias daquilo que escrevi, nove anos depois, no livro sobre o drama barroco. Brecht, por sua vez, citou o momento no qual está ancorada a ideia do teatro épico. Foi um ensaio da montagem de Munique de *Eduardo II*. A batalha que aparece na peça devia ocupar o palco por 45 minutos. Brecht não conseguiu dar conta dos soldados. (Asja [Lācis], sua assistente de direção, tampouco.) Por fim, ele se dirigiu a [Karl] Valentin, à época seu amigo íntimo, que estava presente no ensaio, e, confuso, perguntou: "Então, que tal? Como estão os soldados?". Valentin: "Estão pálidos; têm medo". Essa observação foi decisiva. Brecht acrescentou: "Estão cansados". Os rostos dos soldados receberam uma grossa camada de giz. E, nesse dia, o estilo da montagem foi encontrado.

Logo a seguir surgiu o velho tema do "positivismo lógico". Mostrei-me bastante intransigente, e a conversa ameaçou tomar um rumo desagradável. Ele foi evitado quando Brecht admitiu pela primeira vez a superficialidade de sua formulação. E o fez com a bela fórmula: "À profunda necessidade corresponde uma intervenção superficial". Mais tarde, quando nos transferimos para sua

---

* Revista mensal literária de autores exilados, publicada em Moscou. (N. T.)

casa – pois a conversa acontecia em meu quarto: "É bom quando, numa posição extrema, somos apanhados por uma época de reação. Chegamos, então, a uma ponto intermediário". Foi assim que se passou com ele; Brecht disse ter se tornado tolerante.

À noite: quero entregar a alguém um pequeno presente para Asja; luvas. Brecht acha que isso é complicado. Poderia surgir a ideia de que Jahnn[1] tenha lhe pago serviços de espionagem com duas luvas. "O pior: diretivas[2] inteiras são sempre desperdiçadas. Mas suas instruções provavelmente permanecem válidas."

1º de julho. Recebo respostas muito céticas todas as vezes que me refiro a condições russas. Há pouco, quando perguntei se Ottwald ainda estava preso*, a resposta foi: "Se ainda puder sentar, estará sentado".

4 de julho. Ontem à noite. Brecht (durante uma conversa sobre Baudelaire): "não sou contra o associal; sou contra o não social".

21 de julho. As publicações de Lukács, Kurella e outros causam muito desgosto a Brecht. Mas ele acha que não se deve confrontá-los no terreno da teoria. Levo a pergunta ao terreno da política. Ainda assim, ele não faz mistério de suas formulações.

> A economia socialista não precisa da guerra, por isso também não a suporta. O "amor à paz" do "povo russo" expressa isso, apenas isso. Não é possível haver economia socialista em um só país. O armamento fez com que o proletariado russo necessariamente retrocedesse muito – em parte, para estágios há muito superados do desenvolvimento histórico. O monárquico, entre outros. O regime personalista domina a Rússia. Apenas os cabeças-duras podem negar isso.

Foi uma conversa breve, que logo se interrompeu. No mais, Brecht ressaltou nesse contexto que, com a dissolução da Primeira Internacional, Marx e Engels foram arrancados dos contextos de ação do movimento trabalhista e, daí em diante, distribuíram apenas conselhos – além do mais privados, não destinados à publicação – a líderes individuais. Também não é por acaso, embora seja lamentável, que no final Engels tenha se voltado às ciências naturais.

---

[1] Não sabemos com certeza o nome do portador imaginado; talvez Hans Henny Jahnn?
[2] Leitura duvidosa.
* O verbo *sitzen* ("sentar-se") também é usado coloquialmente para se referir à condição de preso ou de repetência escolar. (N. T.)

Brecht disse que Bela Kun é seu maior admirador na Rússia. Brecht e Heine são os únicos poetas líricos alemães aos quais ele se dedica [*sic*]. (Ocasionalmente Brecht alude a determinado homem no comitê central que o apoia.)

25 de julho. Ontem pela manhã Brecht veio até mim com seu poema sobre Stálin, intitulado "Discurso do camponês a seu boi". No primeiro momento, não compreendi seu sentido; no segundo, quando me passou pela cabeça o pensamento a respeito de Stálin, não ousei segurá-lo. Tal efeito correspondeu aproximadamente à intenção de Brecht. Ele a explicou na conversa a seguir, na qual ressaltou, entre outros, justamente os momentos positivos no poema. Trata-se, na verdade, de uma homenagem a Stálin, que, de acordo com sua opinião, tem imensos méritos. Mas ainda não está morto. A ele, Brecht, não cabe outra forma mais entusiástica de honraria; está no exílio, à espera do Exército Vermelho. Acompanha os eventos na Rússia e também os escritos de Trótski. Eles comprovam que há uma suspeita, uma suspeita justificada que exige uma observação cética das questões russas. Tal ceticismo está no espírito dos clássicos. Caso um dia se comprove, então seria preciso combater o regime – *abertamente*. Mas, "infelizmente, ou graças a Deus, como queira", essa suspeita ainda não é certeza hoje. Derivar daí uma política como a trotskista não é algo justificável. "Por outro lado, não há dúvida de que na própria Rússia certos bandos criminosos agem. Percebemos isso de tempos em tempos a partir de seus crimes." Por fim, Brecht enfatiza que somos especialmente atingidos pelos retrocessos dentro de nosso próprio país. "Pagamos por nossa posição; estamos cobertos de cicatrizes. Evidente que também estamos especialmente sensíveis."

No fim da tarde, Brecht me encontrou no jardim lendo *O capital*. Brecht: "Acho muito bom você estudar Marx agora, quando topamos cada vez menos com ele e particularmente pouco entre nossa gente". Respondi que prefiro ler os livros mais comentados depois de saírem de moda. Passamos à política literária russa. "Com essas pessoas", falei, referindo-me a Lukács, Gabor, Kurella, "não dá para fazer um Estado". Brecht:

> Ou *apenas* um Estado, não uma comunidade. Eles são inimigos da produção. A produção lhes é suspeita. É o imprevisível. Nunca se sabe seu resultado. E eles próprios não querem produzir. Querem se fazer de *apparatchik* e controlar os outros. Cada crítica deles contém uma ameaça.

Chegamos, não sei por que caminhos, aos romances de Goethe; Brecht conhece apenas *As afinidades eletivas*. Nele, admirou a elegância do jovem.

Quando lhe contei que Goethe escrevera a obra aos 60 anos, ele ficou muito espantado. Disse que o livro não tinha nada de filistino. Tratava-se de um feito extraordinário. Falou ainda que poderia desfiar um rosário a respeito, visto que o drama alemão, até nas obras mais significativas, carrega traços desse espírito. Observei que a recepção de As *afinidades eletivas* foi a esperada, ou seja, muito ruim. Brecht:

> Fico contente em saber. Os alemães são um povo desprezível (*Scheißvolk*). E não é verdade que não se podem tirar conclusões sobre os alemães a partir de Hitler. Também em mim tudo que é alemão é ruim. O insuportável nos alemães é sua autonomia torpe. Algo como as cidades livres do Império, por exemplo, essa cidade desprezível de Augsburgo, nunca houve em lugar nenhum; Lyon nunca foi uma cidade livre; as cidades autônomas do Renascimento eram cidades-Estado. Lukács é um alemão por adoção. Seu alento* desapareceu por completo.

No caso de *Schönsten Sagen vom Räuber Woynok* [As mais belas lendas do salteador Woynok], de [Anna] Seghers, Brecht elogiou a libertação da autora de sua encomenda. "Seghers não consegue produzir sob encomenda, assim como eu não saberia nem começar a escrever sem uma encomenda." Ele também elogiou o fato de um turrão solitário ser a figura principal nessas narrativas.

26 de julho. Brecht, ontem à noite: "Não é mais possível duvidar de que o combate à ideologia tornou-se uma nova ideologia".

29 de julho. Brecht lê para mim várias discussões polêmicas com Lukács, estudos para um ensaio que deve publicar na [*Das*] *Wort*. São ataques dissimulados, porém veementes. Brecht me pede conselhos sobre sua publicação. Visto que ao mesmo tempo me conta que Lukács está com bastante prestígio "lá" ("*drüben*"), eu lhe respondo que não poderia lhe dar nenhum conselho. "Mas são questões de poder. Alguém do lugar tinha de se manifestar a respeito. Você tem amigos lá." Brecht: "Na verdade, não tenho amigos lá. E os moscovitas em si também não têm, como os mortos".

3 de agosto. Em 29 de julho, ao anoitecer, entabulamos uma conversa no jardim sobre se parte do ciclo "Canções infantis" tinha de ser publicada num

---

* No original, *Puste*, "alento", "respiração", "fôlego", "estado de espírito". Pelo contexto, porém, fica a dúvida se Brecht não queria dizer *Puszta*, uma tradicional paisagem húngara – parte plana da grande planície húngara. (N. T.)

novo livro de poemas. Eu não fui favorável, porque achei que o contraste entre os poemas políticos e pessoais ressaltava especialmente a experiência do exílio, que não deveria ser reduzida por uma sequência disparatada. Provavelmente deixei transparecer que nessa sugestão estava em jogo outra vez o caráter destrutivo do Brecht questionador daquilo que havia recém-conquistado. Brecht:

> Eu sei, vão falar de mim: ele era um maníaco. Se este tempo for legado, então a compreensão por minha mania será legada junto. Os dias de hoje serão o pano de fundo para o maníaco. Mas o que eu realmente quero é que algum dia se diga: ele era um maníaco *moderado*.

Segundo ele, o conhecimento da moderação também não poderia ser negligenciado no livro de poemas; de que a vida, apesar de Hitler, continua, de que sempre haverá crianças. Brecht pensa na época sem história, da qual seu poema oferece uma visão aos artistas plásticos; alguns dias depois, ele me disse que considerava seu início mais provável do que a vitória sobre o fascismo. Mais tarde, ainda como justificativa para a entrada de "Canções infantis" em *Poemas do exílio**, Brecht, em pé no gramado, anunciou com um raro arrebatamento um novo argumento:

> Na luta, nada pode ficar de fora. Eles não planejam nada pequeno. Planejam para daqui a 30 mil anos. Monstruosidades. Crimes monstruosos. Nada os freia. Atacam tudo. Cada célula estremece sob seus golpes. Por essa razão, não podemos nos esquecer de nada. Eles mutilam o filho no ventre da mãe. Não podemos deixar as crianças de fora, de maneira nenhuma.

Enquanto ele falava assim, senti agir sobre mim uma violência à altura da violência do fascismo; quer dizer, uma violência que emerge de profundezas históricas não menores daquelas do fascismo. Foi uma sensação estranha, inédita para mim. Em seguida, elas corresponderam ao rumo tomado pelos pensamentos de Brecht.

> Eles planejam devastações de proporções glaciais. Por essa razão, não conseguem se juntar à Igreja, que também é uma marcha milenar. Eles também me proletarizaram. Não me tiraram apenas minha casa, meu lago de peixes e meu automóvel, como também roubaram meu palco e meu público. De onde estou, não posso confirmar que Shakespeare tenha sido, basicamente, um talento maior. Mas também ele não teria escrito para a gaveta. Aliás, suas personagens o rodeavam. As pessoas que ele representava caminhavam por ali. A duras penas ele conseguiu extrair alguns traços de seu comportamento; alguns, igualmente importantes, foram deixados de lado.

---

* Publicado como *Poemas de Svendborg*. (N. E.)

Início de agosto.

Existe na Rússia uma ditadura *sobre* o proletariado. É preciso evitar desligar-se dela enquanto ela ainda faz um trabalho prático ao proletariado – quer dizer, enquanto contribui para um equilíbrio entre o proletariado e o campesinato ao representar predominantemente os interesses proletários.

Alguns dias depois, Brecht falou de uma "monarquia trabalhista", e eu comparei esse organismo com os grotescos jogos da natureza em forma de um peixe com chifres ou outras monstruosidades que são tiradas de alto-mar hoje em dia.

25 de agosto. Uma máxima brechtiana: não partir do antigo bom, mas do novo ruim.

Posfácio da edição alemã

Rolf Tiedemann

1

> *O realizado pode ser esquecido e guardado no presente.*
> *Antiquado sempre é apenas o que deu errado, a frustrada promessa de novidade.*
> Adorno

Ao nos embrenharmos hoje* em discussões como aquelas dos anos 1920 e 1930 entre os teóricos marxistas, a maioria delas nos parecerá curiosamente envelhecida, quiçá arcaica. A impressão não é subjetiva, mas historicamente produzida. Nesse meio-tempo, enquanto na Alemanha cada qual assume voluntariamente sua falta de liberdade, e um capitalismo transformado, mas definitivamente consolidado, parece ter impedido qualquer perspectiva de sociedade politicamente livre, os assim chamados Estados socialistas – enquanto avançam em sua libertação do stalinismo – de início pouco sabem lidar com a liberalização de uma maneira que não seja a de assimilar, preferencialmente o máximo possível, as relações capitalistas-liberais do Ocidente. Mas o que se dá no âmbito econômico e social encontra equivalente no campo ideológico. O primado da produção orientada à exportação para além das reais exigências de consumo, no Leste, e da estabilização de relações de produção objetivamente superadas, no Oeste, corresponde no Oeste ["aqui", *hier*] à onipresença de uma cultura de massas que no Leste ["lá", *dort*] também ao menos se prepara – por exemplo, com o surgimento de uma subcultura na qual os adolescentes de Praga ou Leningrado mal se diferenciam dos de Frankfurt ou das cidades dos *colleges* estadunidenses. Esse truísmo materialista de que base e superestrutura estão relacionadas foi gradualmente apropriado pela consciência teórica e mesmo pela consciência pública também do lado da cortina que deixou de ser de

---

* Texto escrito para a primeira edição alemã-ocidental desta compilação, publicada em 1966. (N. E.)

ferro em relação aos produtos da indústria cultural – televisão, rádio, cinema. Dessa maneira, inúmeras investigações sociológico-empíricas são dedicadas aos meios de comunicação de massa; entretanto, uma sociologia da arte pouco avançou até agora: a falta de uma teoria desenvolvida sobre a relação entre sociedade e arte se reflete no âmbito da pesquisa. Quando vez ou outra sociólogos e especialistas em arte trabalham em conjunto, os aspectos teóricos de seus trabalhos exaurem-se em grande parte em declarações abstratas a respeito de a arte autêntica estar frente a frente, de maneira mais ou menos autônoma, à constituição real da sociedade, a qual por sua vez deve possuir, junto ao ser da obra de arte, um ser autêntico para o ser extraordinário (*ein vom blossen Sein für anderes ausgenommenes Sein an dem der Kunstwerke besitzen soll*). Herdeira da consciência burguesa desde o idealismo e do classicismo alemão, a ideia da autonomia estética sobrevive na arte contemporânea mesmo quando a obra fechada em si deixou de ser representativa: na medida em que esta é definida em sua totalidade e associada de maneira pouco feliz com a palavra "abstração", tal ideia concorda com as obras de arte burguesas ao reconhecer que a única norma obrigatória da congruência artística é a imanência estética; apenas a esfera na qual tal congruência se manifesta parece ser intercambiável: uma vez é a esfera formal; outra vez, uma esfera do material. Desde o recolhimento da bandeira do realismo socialista do outro lado, no Leste – e as eventuais recaídas, com decisões do partido e do comitê central tentando levar os artistas pelo cabresto, só atestam quão definitivamente a bandeira foi arriada –, lá também parece haver progresso na linha de fuga de uma autonomização da produção artística (apesar de ainda frágil, excessivamente exposta a sanções, mas sem sombra de dúvida ganhando terreno). São justamente as resistências que pretensões como a da "autonomia do poeta", "liberdade de escrever o que quiser"[1], encontram em instâncias do Estado e do partido que evidenciam o início da cisão entre os intelectuais e a sociedade também na zona oriental. Quase nenhum artista que se torna consciente de sua autonomia pode ser seduzido pela antiga política cultural marxista, que exigia do artista decisões "baseadas na luta de classes"[2], "decisões" que em geral haveriam não apenas de se referir a características do político (que cada artista também o é), como também de fazer parte integral de suas obras. Lemas como o da tendência ou o do partidarismo, com os quais Lukács outrora arremeteu contra Trótski, ou as

---

[1] Walter Benjamin, "O autor como produtor", p. 85 deste volume.
[2] Idem.

tentativas brechtianas de atrair "mais de 3 mil esportistas do movimento operário (*Arbeitersportler*) da seção Fichtewandrer"[3] para a produção de um filme* e de debater com alunos da escola Karl Marx no bairro de Neukölln, em Berlim, modificações de *Aquele que diz sim, aquele que diz não*, estão sob uma camada de pátina. Eles tocam com a violência do recém-ocorrido no que é menos distante que o verdadeiro passado, pois no decorrer do tempo esse tempo faz fronteira imediata, possível de ser vivenciada, com o presente, mas simultaneamente é ainda mais estranho do que a totalidade dos séculos passados, que não nos diz mais respeito. A pátina sobre o marxismo de 1930 documenta que o que antes parecia estar diante da porta está obstruído até como possibilidade, mesmo se o fracasso da revolução alemã já tivesse decidido o contrário; entretanto, ela igualmente o recobre para que também hoje a orientação racional – quer dizer, socialista – da sociedade não permaneça menos abandonada. Se Brecht, no período das peças didáticas, compreendia a teoria (sim, a arte) como indicação direta à prática, e Benjamin – cujos trabalhos sobre Brecht focam em grande parte nesse período – tentou legitimar criticamente tal pretensão, então não é tanto a impotência estética dessas empreitadas, sua indiferenciação e às vezes seu primitivismo que os entregaram ao esquecimento ilegítimo: seu envelhecimento deve estar muito mais enraizado no envelhecimento da própria prática na mítica sociedade atual. Essa, economicamente algemada e ao mesmo tempo levada a seu limite; gerando nas formas da produção em massa, sob a impressão do novo, somente mais do mesmo; apesar de toda a expansão, provavelmente tendendo a regredir ao estado da mera reprodução; mal deixa espaço, de maneira objetiva, à condução racional e ao argumento teórico enérgico. O artista não pode mais decidir seguir sua autonomia ou orientar "sua atividade de acordo com o que é útil para o proletariado na luta de classes"[4], e o desaparecimento tanto do proletariado quanto da luta de classes – se não das classes – é o menor dos motivos para isso. Envelhecida: ultrapassada pelas relações reais, sem ser efetivada por nenhuma, surge nesse meio-tempo aquela atitude do pensamento voltada à objetividade, na qual – como nas revoluções burguesas – o poder do pensamento podia quebrar o poder real, a consciência podia determinar o ser. "Como há de ser detido quem sua condição reconheceu? / Pois os vencidos de hoje são os vitoriosos de

---

[3] Bertolt Brecht, *Schriften zum Theater 2* (Frankfurt am Main, Suhrkamp, 1963), p. 226.
* Trata-se de *Kuhle Wampe*, de 1932. (N. T.)
[4] Walter Benjamin, "O autor como produtor", cit.

amanhã, / E o nunca se transformará: hoje ainda!"[5]. Se um dia tais versos entoaram em mi bemol maior aquilo que antes do estabelecimento do fascismo não carecia totalmente de chances concretas – a concretização da utopia –, eles se tornaram veladamente o desvair do tarde demais (*Zu spät*), lembrança das possibilidades perdidas da história. Aquela história marcada pela burguesia conservava, nesse sentido, o chamamento em suas grandes obras de arte, que nunca foram apenas ideologia, mas que sempre se serviram, simultaneamente, de maneira abstrata (*begriffslos*) dos conceitos da crítica da ideologia. Tais versos inspiraram também a concepção do teatro épico de Brecht: simular (*tun als ob*) para identificar o real simulado (*das reale Als ob*) (o social vivenciado como primeira natureza) em sua ideologia. Mas a sociedade tornou-se a própria ideologia. O dirigismo da economia, conduzido pela produção e por investimentos excessivos, por meio do qual, unicamente, a vida da sociedade ainda pode ser reproduzida, rompe o princípio liberal da concorrência e recebe como pagamento a imagem de um mercado racional. A racionalidade da sociedade contemporânea é uma racionalidade particular, exigida pela irracionalidade do todo. Mas que a sociedade como um todo – que devora o que é verdadeiramente particular – se disponha, por fim, a se reproduzir segundo ordenações irracionais também destitui o fundamento *in re* da crítica da ideologia de tipo tradicional. Se as criações tradicionais do espírito objetivo, ao confrontar sua pretensão imanente com sua fungibilidade social, permitiam a invocação ao potencial racional da infraestrutura social-econômica durante a era da sociedade conglomerada (*Einheitsgesellschaft*), essa infraestrutura veio a ser uma história natural que se concretiza, sobre a cabeça das pessoas, como relação do destino. A obrigação de se adaptar às regras do jogo a fim de ao menos sobreviver devolve a pergunta sobre o uso partidário de criações da superestrutura; ela tende a aproximar o pensamento como um todo às tentativas de orientação da criança num mundo caótico. O engajamento do artista e do filósofo na política revolucionária procura o oposto, mas acaba se confundindo sobre o que é objetivamente possível hoje. Sua categoria não é invariável, a-histórica; sob as condições da sociedade contemporânea, não é possível criar, de maneira autoritária-heteronômica, por meio de um golpe de violência, aquilo que apenas a autonomia, que foi negada, podia executar.

---

[5] Bertolt Brecht, *Hundert Gedichte* (Berlim, Aufbau, 1952), p. 247.

2

> *Ele tinha tanto humor que, por exemplo, não conseguia imaginar algo como ordem sem desordem. Ele sabia que imediatamente ao lado da maior ordem está a maior desordem; ele avançou tanto que chegou a dizer: no mesmíssimo lugar!*
> Brecht

Longe de ser desprezado, por um triz o conceito de arte politicamente engajada receberia o mesmo direito que a autônoma reivindica – hoje principalmente por causa do caráter duvidoso da arte. Teóricos não dignos de desprezo (*unverächtliche*) se contrapõem não apenas a Brecht, mas também a Sartre e, entre os mais jovens, por exemplo, a Rühmkorf, a uma arte pela arte hieraticamente estilizada. A cooperação político-artística entre Brecht e Benjamin ocorre antes de Auschwitz e Hiroshima. Ela não pode ser retirada de seu contexto histórico, mas certamente também foi menos problemática do que os textos fazem supor. No final, esses textos também se tornam um testemunho a mais de como artistas – caso cinicamente abrissem mão de qualquer pendor político – se vingavam daquilo que a política fizera com seu trabalho, na medida em que se constituíam nos indivíduos menos confiáveis possíveis para o partido. Existem alguns indícios de que, para Brecht, no decorrer dos anos, o artístico estava cada vez mais à frente do político; mesmo para comprovar sua distância da política comunista rotineira não são necessárias as anotações do diário benjaminiano: Fritz Sternberg relata algo similar em relação ao tempo anterior ao fascismo. Dispomos ainda das palavras do escritor, em seu último ano de vida, de que os alemães continuavam nazistas, independentemente de carregarem a caderneta da CDU (União Cristã-Democrática) ou do SED (Partido Socialista Unificado). O engajamento propagandístico-político de Benjamin era ainda significativamente mais enigmático, um verdadeiro *larvatus prodeo*. Ele chegou ao materialismo dialético relativamente tarde, quando seu tempo heroico na Alemanha era passado, e se manteve agarrado a ele enquanto alguns renegados já montavam uma nova ideologia a partir do anticomunismo; outros, antes socialistas empedernidos, como Döblin, havia muito tinham se postado a caminho de Roma. Tal extemporaneidade pode ser o estigma daquele que de modo nenhum quer nadar com a corrente, que nunca faz "ciência segundo a moda". A opção de Benjamin pelo materialismo se deu menos por solidariedade com os representantes do marxismo político e científico do que por uma rebeldia contra o resto.

A propaganda mais forte que se possa imaginar de uma ideologia materialista [...] me tocou [...] na forma das obras "representativas", que vieram à tona do lado burguês em minha ciência – história da literatura e crítica – nos últimos vinte anos. Tenho tão pouco que ver com a produção de orientação acadêmica quanto com os monumentos que tipos como Gundolf ou Bertram ergueram – e, para me diferenciar de maneira precoce e clara contra a medonha monotonia desse fazer oficial e não oficial, não foram necessários processos marxistas de pensamento [...], mas agradeço à orientação metafísica básica de minha pesquisa.[6]

O materialista histórico também observa as cicatrizes nas obras de arte que a separação do trabalho intelectual em relação ao corporal – condição da arte, aliás – deixou na história. Como estudioso da estética, porém, ele está igualmente interessado na salvação dialética da obra de arte; a teoria brechtiana e sua adaptação por Benjamin estavam em busca de uma nova definição de arte, capaz de sustentar o oponente burguês tardio. Também era preciso reparar algo daquela injustiça infligida contra a própria obra de arte à medida que foi submetida à mediação na qualidade de "bem cultural" e acabou levada aos museus de formação. Nesse sentido, a intransigência com a qual tanto Brecht quanto Benjamin não permitiam a diminuição do comprometimento social da arte tem uma parte de verdade. Especialmente porque os escritos político-artísticos de Benjamin protestavam de antemão em nome da arte contra as formas tradicionais de sua recepção, contra o membro da elite cultural (*Bildungsbürger*), que em seu tempo livre ou porque estava oficialmente designado para tanto sente "empatia" (*sich "einfühlt"*) no conteúdo das criações, destilando-lhes "valores eternos" e "ideias atemporais". Já o teólogo Benjamin não deixou dúvidas de que a arte não existe para eliminar o pensar. Os argumentos mais fortes a favor dessas opiniões certamente foram oferecidos pelas obras de Brecht, por meio das quais Benjamin sentia-se ligado teoricamente também "e em maior medida às execráveis e toscas análises de Franz Mehring" do que "às descrições mais profundas do império das ideias, como as nascidas hoje da escola de Heidegger"[7]. A teoria avança em direção à noção – implícita nos trabalhos sobre Brecht, mas desenvolvida no grande ensaio "A obra de arte na era de sua reprodutibilidade técnica" – de que a recepção da arte, a fim de ser adequada, de produzir consequências sociais, deve ser organizada coletivamente. A esse lado, por assim dizer ao aspecto subjetivo da estética posterior de Benjamin,

---

[6] Walter Benjamin, carta de 7 mar. 1931 a Max Rychner (manuscrito).
[7] Idem.

corresponde outro, que determina o lado de objeto da obra de arte: nenhum dos dois é mera demonstração da intenção de seu produtor, cada um apresenta a sedimentação de processos sociais objetivos, cada um é expressão de um coletivo: "As condições econômicas, sob as quais a sociedade existe, expressam-se na superestrutura"[8]. Entretanto, os textos de Benjamin a respeito de Brecht raramente conseguem registrar suas melhores inervações de maneira suficiente. Assim, a compreensão da objetividade de obras de arte, de seu núcleo social, é retrovertida a um falso subjetivismo, quando aquelas bem-sucedidas são ligadas a determinados modos de comportamento social dos artistas, devendo, por exemplo, depender da confirmação da pergunta: "Ele enxerga os caminhos para organizar os trabalhadores intelectuais no próprio processo de produção?"[9]. Da mesma maneira, o mero *fait social* da recepção em massa em si não deveria ser chamado de progressista; pelo contrário, uma relação racional com as obras de arte seria possível antes para o indivíduo centrado em si do que para os coletivos. Parece que a recepção em massa, glorificada por Benjamin, se atrevia a pular fora da história, assim como a revolução bolchevista acreditava ser capaz de não levar em conta os erros da classe burguesa. De todo modo, modificações sociais – por dependerem das pessoas – acontecem independentemente de apelos à necessidade de alterações. Possivelmente o programa brechtiano da formação de técnicos, que Benjamin subscreveu, aconteceria também nas coisas da arte. Mas nenhum tipo de recepção coletiva é capaz de educar para a especialização artística; ela é conquistada unicamente pela penetração contemplativa nas mais diferentes obras – e hoje trata-se das autônomas, de Beckett, não das peças didáticas de Brecht. Primeiro por meio de uma especialização das mais extremas, mais cegas *através*, é que se daria talvez uma comoção (*Affizierung*) do observador em si, visto que *estes* se modificam; se por essa razão ele irá se harmonizar – refletindo de maneira monadológica as modificações da sociedade – com o real, isso é algo que ao menos lhe diz respeito. Os escritos de Benjamin sobre Brecht não se alongam sobre esse tipo de dialética. Eles se apresentam como exegeses escolásticas. Brecht, por sua vez, também os entendia dessa maneira; para ele, Benjamin não era supostamente ape-

---

[8] Idem, "Paris, die Hauptstadt des XIX. Jahrhunderts" (*Passagenarbeit*), coletânea K 2, citado em Rolf Tiedemann, *Studien zur Philosophie Walter Benjamins* (Frankfurt am Main, Europäische Verlagsanstalt, 1965), p. 106 [ed. bras.: "Paris, capital do século XIX", em *Walter Benjamin*, trad. e org. Flávio R. Kothe, São Paulo, Ática, 1985, p. 30-43].

[9] Idem, "O autor como produtor", cit.

nas seu melhor crítico – quer dizer, o mais acrítico. Brecht tinha em Benjamin alguém em quem não podia confiar. Sua apologética de Brecht não pode ser tomada isoladamente, cada frase de Benjamin exige do leitor pensar também em todas as outras frases do autor. Aquele que sabia esconder tantas coisas certo dia formulou, na citada carta a Rychner, o que verdadeiramente determinava sua afinidade com o materialismo dialético. Ele não queria ser visto como representante desse materialismo "como um dogma, mas como um pesquisador", e

> a quem a postura do materialista, científica e humana, em relação a todas as coisas que consideramos móveis se parece mais fecunda do que a idealista. Se eu tiver de resumir: nunca consegui pesquisar e pensar de outra maneira senão num sentido teológico (caso possa me expressar assim) – ou seja, de acordo com o ensinamento talmúdico dos 49 degraus de sentido da Torá. Mas, segundo minha experiência, a mais gasta platitude comunista tem mais *hierarquias de sentido* do que o pensamento profundo atual da burguesia, que dispõe apenas da apologética.[10]

Os textos benjaminianos sobre Brecht só tinham cabimento àquele que decifrasse o lapidar em suas premissas, a quem reconvertesse sua palavra simples numa complexa, sua simplicidade na coisa mais estranha.

3

> *Palavras simples não nascem sempre, como gostamos de acreditar,*
> *de mentes simples [...]; antes, formam-se historicamente.*
> *Pois assim como apenas o simples tem a probabilidade de durar,*
> *por sua vez a maior simplicidade é apenas o produto dessa duração.*
> Benjamin

O interesse de Benjamin por Brecht é da mesma ordem que seu apreço por Johann Peter Hebel e Robert Walser, aparentado também com sua fascinação de vida inteira por livros infantis. Sua linguagem lacônica pode ter atiçado a nostalgia por aquela serenidade sagrada que Hölderlin evocava e que quase anuncia a ideia reguladora da língua alemã. Ele intitulou "Dois tipos de tradição" o comentário sobre uma tentativa pessoal de usar palavras simples; em sua opinião, tais formações tinham alcançado um tipo de segunda tradição, liberada do caráter de aura da falsa primeira, sem congraçamento hipócrita com a

---

[10] Idem, carta de 7 mar. 1931 a Max Rychner (manuscrito).

classe baixa, e com as quais ele tentava aprender que o simples é o mais difícil de ser realizado. Mesmo logrando êxito, quando Benjamin tinge a própria linguagem de um laconismo semelhante ao dos modelos – como nos trabalhos sobre Brecht –, o resultado permanece contraditório. Nesse momento, por sua vez, sua linguagem também está envolvida pela regressão social que quer defendê-la e, como uma linguagem regredida em si, não está livre da crítica que Adorno faz da de Brecht, que se torna "eco de relações sociais arcaicas, que são irretornáveis"[11]. Mas, se o desenvolvimento da sociedade burguesa não pode ser simplesmente evitado, os caminhos do campo e da floresta (*Feld- und Holzwege*) de Heidegger de modo nenhum são aqueles trilhados por Brecht e Benjamin. Não por acaso, Benjamin encontra tanto para os textos de Hebel quanto para os de Brecht a metáfora das trilhas furtivas e clandestinas (*Pasch- und Scheichpfaden*); elas levam contrabando às escondidas: aquilo que não é mais arte é disseminado na forma de obras de arte. A segunda tradição que Benjamin experimentou engloba, na consequência, a negação da arte. Porque a tradição da realidade não tem mais força, porque aquela "noção básica da problemática da arte"[12] que Benjamin descobrira na interpretação alegórica (*Allegorese*) barroca se tornou certeza, por isso é preciso dar um salto excêntrico para o interior da prática imediata, encerrar seriamente a interpretação do mundo e se voltar a suas transformações. Nos lugares em que Benjamin – denunciado como autor difícil – realmente seguiu sua inclinação ao simples, ao reduzido, ao direto, ele abriu mão do papel do teórico da arte e se contentou com o de político ou, melhor, de pedagogo. Mas nisso ele se encontra, recorrendo à mediação precipitada pelo sistema de Hegel, com a verdade na construção das relações entre teoria e prática em Kant: tanto aqui como na filosofia de Benjamin, ambas as áreas – o pensamento registrando o que se comporta de maneira antagônica na realidade – estão completamente separadas; moralidade, a ação do homem não pode ser derivada da teoria, mas depende do postulado: trata-se também de uma forma da utopia, aquela que por meio do "ainda" não se engana a si mesma e as pessoas, mas se fixa na ideia de que poderia ser assim. Entretanto, a obra de arte no sentido tradicional, como posição teórica em relação à objetividade, perderia, assim, sua relevância;

---

[11] Theodor W. Adorno, *Noten zur Literatur III* (Frankfurt am Main, Suhrkamp, 1965), p. 125.
[12] Walter Benjamin, *Ursprung des deutschen Trauerspiels* (Frankfurt am Main, Suhrkamp, 1963), p. 195 [ed. bras.: *Origem do drama trágico alemão*, trad. João Barrento, Belo Horizonte, Autêntica, 2011].

como Brecht, Benjamin estava absolutamente consciente de que suas experimentações valiam para formas sem funções artísticas primárias, para as quais também seria melhor prescindir do conceito de obra de arte[13]. O equilíbrio entre a maior simplicidade de expressão e uma expressão verdadeiramente labiríntica da matéria literária (*Gedichteten*) preserva a obra de Kafka de maneira sem igual. O hermético de Kafka é irmanado de forma incestuosa justamente com sua literalidade. Enquanto Brecht fracassava de maneira lamentável diante de Kafka na tentativa de obter "sugestões praticáveis"[14] dele, Benjamin apontou constantemente para a parábola como modelo das narrativas kafkianas: ou seja, para uma forma que em sua versão mais desenvolvida faz parte da escrita dos intelectuais, mas que em nenhum lugar nega sua origem na arte popular. Aquilo que Benjamin desconsiderou (*absah*) como um gesto despretensioso em Kafka vale para a obra integral deste último: ela relaciona "o maior grau de enigma com o maior grau de simplicidade"[15]. Ao contrário, a simplicidade de autores como Hebel e Walser, o aspecto da simplicidade em Kafka, em Brecht e, por fim, no próprio Benjamin, isso é sempre o que há de mais enigmático. O avanço alcançado no desvendamento de Kafka pode quase determinar a categoria de alguém. Na controvérsia sobre Kafka entre Brecht e Benjamin, registrada nas notas de Svendborg, podemos perceber suas diferenças. Brecht, embora aplique a terminologia religiosa do profético em Kafka, está interessado apenas em tornar a obra dele fungível para a luta de classes. Benjamin, por sua vez, leva os conteúdos teológicos infinitamente a sério, investiga-os de maneira inquisitória em Kafka. A análise das interpretações de Kafka feitas por Benjamin mostraria como, no final, sua afinidade eletiva com obras que parecem simplistas afasta para bem longe tudo o que é de interesse prático e paradoxalmente se mantém ligado a um interesse teológico-messiânico. Se toda simplicidade maior formou-se historicamente, a história chegou a um ponto em que ninguém mais pode invocá-la, em que ela se transformou em *pobreza* de experiência: "Pobreza não somente de experiências privadas, mas de experiências humanas no geral"[16]. Visto que a história em si está em vias de se tornar a-histórica, insistir no mesmo em seu eterno retorno, a palavra simples,

---

[13] Cf. idem, *Schriften* (Frankfurt am Main, Suhrkamp, 1955), v. 1, p. 376; Bertolt Brecht, *Versuche 1-4* (Berlim/Frankfurt am Main, 1959), p. 295.
[14] Walter Benjamin, "Conversas com Brecht", p. 105 deste volume.
[15] Idem, *Schriften*, cit., v. 2, p. 208.
[16] Ibidem, p. 7.

enunciada hoje, é expressão desse estado estacionário, separado daquilo que a história certa vez apontou como seu outro: não mais saciada com cultura, mas entregue à barbárie real. Benjamin ainda quis encontrar algo salvador a partir da esperança do perdido,

> introduzir um conceito novo, positivo, do estado de barbárie. Pois para onde a pobreza em experiência leva o bárbaro? Ela o leva a começar do início; começar de novo; se virar com menos; construir coisas a partir do pouco e, nisso, não olhar nem à direita nem à esquerda.[17]

Trata-se do *sacrificium intellectus*, mas igualmente reminiscência utópica: que ainda *deve* ser possível começar do zero, que *deve* haver a iminência de algo novo, que construção ainda hoje deve ser um conceito a concretizar. Como resultado do desespero objetivo, porém, que não sabe mais posicionar a diferença qualitativa, o fim da pré-história e o início da humanidade no decorrer da história, o pensamento aceitou que a catástrofe é igualmente possível, até mais provável. Ao contrário de Brecht, Benjamin não tinha certeza de que as futuras gerações poderiam lembrar-se, com tolerância, da nossa. "A esperança nos foi dada apenas por causa dos desesperançados."[18]

---

[17] Ibidem, p. 7 e seg.
[18] Ibidem, v. 1, p. 140.

Capa da primeira edição de *Romance dos três vinténs* (*Dreigroschenroman*, Amsterdã, A. de Lange, 1934), publicada na Holanda quando Brecht já havia se exilado da Alemanha.

Aspectos da representação brechtiana*

Sérgio de Carvalho

A teoria e a prática do ator brechtiano são herdeiras de uma longa tradição teatral que, muito antes do modernismo, previa formas de relação direta com a plateia. Os apartes e os monólogos da dramaturgia antiga, por exemplo, que comentavam fatos ou exprimiam vivências, tornavam a personagem uma observadora momentaneamente apartada da ação. Isso podia se dar tanto na forma de "falar consigo" como no "falar com o público". Em ambas, mais naquela e menos nesta, se mantinha a ficcionalidade da comunicação.

Já na *parabasis* da comédia grega antiga, ou mesmo nos prólogos e epílogos elisabetanos, havia um "vir à frente" – do coro ou de um ator – para uma comunicação direta, de conteúdo por vezes extraficcional. Neste caso, a fonte parece ser antes o ator real (porta-voz do autor) do que a personagem ficcional.

Diante desses precedentes, a escolha brechtiana é clara: "Se o ator se dirigir diretamente ao público, deve fazê-lo francamente, e não num mero aparte, tampouco num monólogo do estilo do velho teatro"[1].

Que a tradição cênica da relação direta com a plateia tenha achado seu espaço preferencial no gênero cômico parece ser uma decorrência direta do sentido de "crítica da vida social" assumido por tantos artistas da comédia ao longo da história do teatro. Já se observou, em contrapartida, que, no âmbito do teatro clássico, as únicas personagens na tragédia que trabalham com a plateia parecem ser os *clowns* e os vilões, ou seja, aquelas em que a estereotipia (patética ou satírica) é aceitável e verossímil. É significativo, portanto, que Brecht – também interessado na crítica social – viesse a se utilizar de processos quase sempre cômicos como a *ironia* e a *paródia* entre seus recursos literários e cênicos.

---

* Texto originalmente publicado na revista *Vintém*, n. 0, jul. 1997, p. 28-31, e reeditado com pequenas alterações, principalmente nas notas referenciais. (N. E.)
[1] Bertolt Brecht, "A nova técnica na arte de representar", em *Estudos sobre teatro* (trad. Fiama Pais Brandão, Rio de Janeiro, Nova Fronteira, 1979), p. 83.

Brecht, como encenador, admitia ter copiado (no sentido singularmente brechtiano de "tornar a cópia uma arte") os arranjos cênicos do ator cômico popular Karl Valentin. Era um admirador confesso das virtudes críticas decorrentes da "atitude materialista e chã" dos grandes comediantes. Acreditava que isso devia se constituir numa atitude de trabalho. Costumava adotar, como exercício de ensaio, a visualização cômica dos papéis: "Convém igualmente que os atores vejam suas personagens serem imitadas por outrem, ou que as vejam com outras configurações. Uma personagem [...] se for representada por um ator cômico, ganhará novos aspectos, quer trágicos, quer cômicos"[2].

O modo crítico moderno reelabora, assim, uma tradição que, em suas coordenadas básicas de *jogo direto com a plateia* e *distância narrativa da personagem*, no Ocidente, se observa nos comediantes de rua, herdeiros de uma linhagem que teve na *commedia dell'arte* sua codificação maior e que, no Oriente, é encontrável em inúmeras práticas, todas elas unidas pela despreocupação em esconder a artificialidade das ações e pelo interesse em expor os meios representacionais.

Os teatralistas russos Meyerhold, Tairov e Evreinov foram os primeiros artistas modernos a perceber nessas tradições uma rica possibilidade de afirmação do "teatral" sobre o "natural". Foram, portanto, os primeiros a incorporá-las de forma consciente, ainda que com intenções diversas das de Brecht, sobre quem exerceram grande influência. Meyerhold, num texto de 1906 sobre *A barraca de feira*, de Blok, defendia o uso do "prólogo" por seu efeito anti-ilusionista:

> [...] o prólogo e locução final ao público feita pelos italianos e espanhóis no século XVII, e depois deles os vaudevillistas franceses, todas estes elementos do teatro antigo obrigam a não se ver na representação senão um espetáculo. No momento em que o espectador se deixa absorver pela invenção, o ator deve lembrá-lo, por uma réplica imprevista ou um longo aparte, de que se trata de um espetáculo.[3]

Com o passar dos anos, essa vertente da prática meyerholdiana se desenvolveria a ponto de exigir uma terminologia mais específica, da qual, provavelmente, Brecht teve conhecimento "plagiotrópico"[4]. Num dos textos de *Outubro Teatral* de 1922, o teatrólogo russo Slonimski discute o espetáculo *A morte*

---

[2] Idem, "Pequeno órganon para o teatro", em *Estudos sobre teatro*, cit., p. 123-4.
[3] Vsevolod Meyerhold, "A barraca de feira", em *O teatro de Meyerhold* (org. e trad. Aldomar Conrado, Rio de Janeiro, Civilização Brasileira, 1969), p. 87.
[4] A expressão é utilizada por José Antonio Pasta em *Trabalho de Brecht: breve introdução ao estudo de uma classicidade contemporânea* (São Paulo, Editora 34, 2010).

de Tarelkin, de Meyerhold, observando que "os atores *distanciam-se*; olham o público, dirigem-se a ele em apartes e veem-se a representar"[5]. Na mesma publicação, Soloviev e Mokoulski afirmam, sobre o teatro meyerholdiano, que a tarefa primeira do novo ator é "revelar a natureza social da personagem"[6]. Para este fim, utiliza dois meios, os quais se denominam "antes da representação" e "representação destruída". O primeiro é uma "pantomima preparatória", inspirada no teatro oriental, que prenuncia a sequência dos acontecimentos.

> Quanto à "representação destruída", trata-se, na verdade, de um aparte: *parando subitamente de fazer a personagem, o ator interpela o público diretamente* para lembrá-lo de que está representando e que, na realidade, ele e o espectador são cúmplices de um mesmo jogo.[7]

Brecht, por motivos mais ou menos óbvios – entre os quais seu gosto clássico –, preferia associar sua visão do trabalho do ator menos aos encenadores russos do que às fontes destes. Reconhecia as raízes do *efeito de distanciamento* na "comédia, em certos ramos da arte popular e na prática do teatro asiático"[8]. De qualquer modo, foi acompanhado de Meyerhold que, em 1935, em sua segunda viagem à União Soviética, ele assistiu à apresentação do ator chinês Mei Lan Fang, citado no ensaio "Os efeitos de distanciamento na arte dramática chinesa". Nesse trabalho, descreve a técnica do artista representar como se fosse espectador de si próprio, um espectador que demonstra saber que a plateia também assiste ao que ele faz. Quando, por exemplo, representa uma nuvem, "o ator chinês *separa*, pois, a mímica (representação do modo de observar) do 'gesto' (representação da nuvem), mas este nada fica perdendo pela separação; a posição do corpo provoca uma reação na fisionomia e confere-lhe toda sua expressão"[9].

O modo crítico se funda, em linhas gerais, no princípio da *separação*. Elege como fundamento aquilo que permitiu ao ator francês Quinault-Dufresne demonstrar, aos olhos de Diderot, sua qualidade de comediante paradoxal: a capacidade de depor e retomar a máscara. No intervalo da deposição, a plateia

---

[5] A. Slonimski, citado em *O teatro de Meyerhold*, cit., p. 163.
[6] Vladímir Soloviev e S. Mokoulski, "O ator e sua técnica", em *O teatro de Meyerhold*, cit., p. 170.
[7] Ibidem, p. 171.
[8] Cf. Gerd Bornheim, *Brecht: a estética do teatro* (Rio de Janeiro, Graal, 1992), p. 218.
[9] Bertolt Brecht, "Efeitos de distanciamento na arte dramática chinesa", em *Estudos sobre teatro*, cit., p. 57.

é "interpelada" de modo a tomar consciência crítica das relações sociais subjacentes à ficção da cena.

Na compreensão que Walter Benjamin teve do teatro épico, o aspecto gestual do jogo do ator é sublinhado. Benjamin destaca do programa de *Um homem é um homem* a seguinte frase de Brecht: "Ele [o ator] mostra a coisa naturalmente à medida que se mostra e se mostra à medida que mostra a coisa". Embora exista coincidência nisso, não é possível coincidir tanto a ponto de a diferença entre as duas tarefas desaparecer"[10]. E comenta ainda: "'Tornar os gestos possíveis de ser citados', eis o mais importante feito do ator [...] A tarefa primordial de uma direção épica é expressar a relação da ação representada com a ação da representação em si"[11].

Se o gesto funciona como citação – sendo "espaçado" ou "posto entre aspas" –, é porque o próprio ator trabalha como um narrador, ou como um ensaísta. Brecht estendia esta noção física (e conceitual) à fala: "O ator nos dará o seu texto não como uma improvisação, mas como uma citação. Mas, ao fazer a citação, terá, evidentemente, de dar-nos todos os matizes de sua expressão"[12].

O ator crítico é um narrador que se apresenta enquanto tal. Intencionalmente "mostra que está mostrando algo". Seus gestos e palavras são citações com efeitos judicativos. Percorrendo simultaneamente os níveis da realidade e da ilusão, ele apresenta em cena a diferença – e a identidade – que o une a sua personagem, *separando-se*, assim, dela. Seu trabalho assume feições racionais, tomando a palavra *razão* em sua acepção matemática de "dividir, fracionar", e em seu sentido psicológico de "estabelecer distinções, analisar". Não é ocaso, portanto, de uma vivência incidentalmente interrompida, de uma deposição fortuita da máscara. A separação é um fato constituinte do modo crítico. E o distanciamento é um pré-requisito à compreensão crítica, como registrou Brecht em suas várias reflexões sobre o *Verfremdungseffekt* [efeito de distanciamento ou efeito V]. Se em outros modos de interpretação o ator evidencia também sues meios ao transfigurar a personagem, aqui a ocorrência é outra. O objeto não é mais distorcido pelos meios expressivos do ator (que pareciam ser configurações interiores da personagem), mas é considerado em função de um determinado ponto de vista exterior, mais amplo, dado pelas relações

---

[10] Ver Walter Benjamin, "O que é teatro épico?", p. 28 deste volume.
[11] Idem.
[12] Bertolt Brecht, "A nova técnica na arte de representar", cit., p. 81-2.

sociais, ponto de vista que pede do espectador um juízo crítico quanto a seu comportamento moral.

O modo crítico pede do ator e do espectador uma atitude *moral* diante da ficção narrada. Brecht era particularmente cuidadoso no uso dessa palavra, pois muitos acusavam o teatro épico de ser "demasiado moral". Se era capaz de discutir seu teatro como uma "instituição moral" (segundo a expressão de Schiller), o fazia num sentido muito específico que, sem negar a noção schilleriana de um palco que diverte e recreia o público ao "propagar ideais", superava-a dialeticamente. Brecht posicionava-a na contramão da chamada moralidade burguesa, a fim de cumprir o "verdadeiro propósito" do teatro épico: mais do que moralizar, analisar. A ironia brechtiana não perdoava a conversão burguesa do prazer num dever moralista: "do prazer sexual extraímos deveres conjugais". A consciência moral, ao contrário, é que deveria ser convertida em prazer.

Mais do que uma simples mensagem normativa, a representação crítica pede do ator e do espectador um confronto crítico com sua realidade, confronto que dá margem a uma ampla reflexão, o que só ocorre, segundo o "Pequeno órganon para o teatro", se o teatro conseguir "transformar o elemento moral em algo agradável, ou melhor, suscetível de causar prazer aos sentidos"[13].

A representação crítica pode ser considerada *moral* na medida em que o desempenho do ator mostra seu *comportamento* confrontado à *ação* da personagem, entrechoque onde os gestos sociais são suscetíveis de "apreço" ou "censura". Brecht dirá no "Pequeno órganon" que

> o teatro pode, assim, levar seus espectadores a fruir a moral específica de sua época, a moral que emana da produtividade. Tornando a crítica, ou seja, o grande método da produtividade, um prazer, nenhum dever se deparará ao teatro no campo da moral; deparar-se-ão, sim, múltiplas possibilidades.[14]

De todos os modos modernos da metamorfose do ator, este é o que mais procura evidenciar as relações sociais dos homens. Propõe, sobretudo, um convite ao pensamento sobre essas relações, mostradas em sua mutabilidade. Manfred Wekwerth, colaborador no Berliner Ensemble, bem observou que Brecht desejava desenvolver, em conjunto, duas artes: a arte do ator e a arte do espectador. Ambas pedem um gosto do entendimento do mundo.

---

[13] Idem, "Pequeno órganon para o teatro", cit., p. 99.
[14] Ibidem, p. 109.

Brecht/Brasil/1997
(vinte anos depois)[1]

José Antonio Pasta

A pergunta da hora quanto a Brecht diz respeito diretamente a sua atualidade. À ideologia do brechtismo, que sempre deu alergia a quem de fato procurava trabalhar com Brecht, sucede uma notória propaganda antibrechtiana, de cunho parafascista. O que antes parecia – indevidamente – uma pura evidência (a pertinência contemporânea de sua obra) agora se questiona de todos os lados e com intenções muito variadas. Nos casos mais escabrosos, são visíveis a olho nu as pegadas do dinheiro americano[2]. Também em outro espírito, e com intenção também outra, a mesma pergunta se põe, evidentemente, embora nem sempre seja muito fácil traçar uma linha divisória nítida entre as duas vertentes. Insidioso é o dinheiro, e conhece muitas traduções.

Todavia, a questão da atualidade de Brecht é eminentemente brechtiana, como espero expor a seguir, e nesse sentido é que foi posta por um de seus

---

[1] Este texto foi, originalmente, publicado com o título "Brecht/Brasil/1997" na revista *Vintém*, n. 0, jul. 1997, p. 28-31, e reaparece agora por solicitação da Boitempo. Para a presente edição, fiz algumas alterações, seja para explicar sucintamente algumas coisas que a brevidade lacônica do original deixava no ar, seja para dotá-lo de um final, que ele, na verdade, não tinha – por isso, o subtítulo "vinte anos depois". Foram também acrescentadas algumas notas referenciais, das quais o original era igualmente desprovido. Caso algum leitor veja nele marcas de atualidade, isso se deve menos à intervenção do autor do que à realidade: o processo de degradação de se falava naqueles anos tucanos, tendo atravessado subterraneamente o maciço politicamente estéril dos anos petistas, é o mesmo que agora emerge e se consuma.

[2] Sirva de exemplo o livro de John Fuegi, *The Life and Lies of Bertolt Brecht* (Nova York, Harper Collins, 1994). Tendo virado a casaca, o professor trouxe a lume essa obra que o crítico da *London Review of Books* Michael Hofmann assim resenhou, em 20 de outubro de 1994: "Nunca li uma biografia como a de John Fuegi sobre Brecht. Revisionismo seria pouco para descrevê-la. Trata-se de um alvo de dardos, abuso de efígie, biografia de vodu. Se Fuegi pudesse entrar no Dorotheenstädtischer Friedhof [cemitério histórico em Berlim, no qual Brecht está enterrado, ao lado de Hegel e Fichte, entre outros], arrancar a pedra tumular pontuda e irregular de Brecht, escavar seis pés de areia de Brandenburgo e um caixão de zinco, e fazer algo aos restos mortais, envolvendo cabeças de frango, cruzes invertidas e velas negras, não duvido que ele o fizesse [...]". Agradeço a Jorge Teixeira os conselhos para a tradução.

melhores leitores entre nós, ao perguntar se Brecht continua a dizer algo aos tempos atuais ou se seu espírito se evaporou[3].

Bem consideradas as implicações, que são enormes, talvez não haja, na área, pergunta mais exigente que essa. Ela supõe uma espécie de exame do estado geral do mundo, nada menos, e seu efeito paralisante potencial deriva do fato de que provavelmente não possa ser respondida nesse grau de generalidade, que, no entanto, ela própria supõe, e talvez só admita resposta caso a caso, mediada pela ação, isto é, pela prática. Que ela tenha sido colocada, com frequência – alhures, mas também no Brasil – de modo indecoroso, evidentemente não ajuda a respondê-la com a sobriedade necessária, mas dá testemunho de um estado de coisas tal que faz duvidar da possibilidade mesma de discuti-la devidamente em nosso meio. A esse estado de coisas, *por sua própria natureza*, falta nome – porque ele tem parte essencial com o desmantelamento sistemático da consciência crítica e a vilanização programática dos setores populares de esquerda. A base de seu horror é a incapacidade de expressão que promove, tão gravemente regressiva que ela própria permanece fora da percepção. Há uma continuidade inexpressa entre a desmoralização de lideranças de esquerda, a criminalização de líderes populares, a cooptação de setores intelectuais inteiros, o rebaixamento – externo e interno – da universidade, a promoção de cafajestes a *maîtres à penser* em todos os setores etc. Um dos acordes auxiliares, mas não o menos importante, nessa orquestração ruidosa, é a difamação de Brecht.

O modo pelo qual a questão da atualidade de Brecht tem sido posta na *mídia* brasileira releva antes da teratologia moral que da crítica de arte. Quem lhe endereça essa questão em termos absolutos, simulando dirigir-lhe uma pergunta inesperada, que pusesse em crise algo como um ídolo intangível, só pode fazê-lo mediante um falseamento do estatuto de sua obra. Para vê-lo, bastaria que o leitor considerasse por sua conta a questão que encabeça estas linhas – Brecht tem alguma coisa a dizer aos tempos atuais? – e respondesse se há questão mais *brechtiana* que essa.

A pergunta pela pertinência atual da obra de Brecht não lhe é dirigida meramente desde o exterior. Antes mesmo de que isso se passe, é a própria obra que se adianta e liminarmente nos põe a questão de sua vigência crítica. Instalada no próprio núcleo da obra brechtiana, tal pergunta é indissociável dela. Esse *gesto* é praticamente exclusivo de Brecht; ele o singulariza e, sou tentado a dizer, constitui o cerne mesmo de uma noção materialista da beleza.

---

[3] Refiro-me a uma fala de Roberto Schwarz, na Companhia do Latão, em comentário a uma leitura pública de *A Santa Joana dos matadouros*, de Brecht. Esse comentário deu origem ao ensaio "Altos e baixos da atualidade de Brecht", publicado em *Sequências brasileiras* (São Paulo, Companhia das Letras, 1999), p. 113-48.

Só um entendimento muito redutor do célebre efeito V (o "distanciamento" ou "estranhamento"), coisa infelizmente comum na *vulgata* brechtiana, impediria de percebê-lo. O efeito V, entre outras coisas, não distancia apenas objetos internos às peças – temas, comportamentos, referências etc. –; ele incide sobre essas peças mesmas e também – ou principalmente – a elas ele *distancia*. As contradições organizadas entre todos os elementos da cena – música, cenário, jogo do ator, iluminação, texto etc. –, como se sabe, sustam ou contradizem o movimento identificatório do espectador e tratam de lembrá-lo todo o tempo de que ele tem diante de si uma *representação* – um modo de fazer, uma perspectiva, um condicionamento, uma determinação etc. Não uma representação da representação ou coisa que o valha, mas a representação de *alguma coisa* rica de determinações – a saber, um *gestus* social. É justamente este *alguma coisa* que põe o parâmetro último da peça *no mundo*, e não na própria peça. Brecht gostava de dizer que só se julga bem uma obra de arte comparando-a não apenas a outra obra de arte, mas à vida mesma. Não é outra coisa a sua determinação de intervir e de transformar. Cada peça da maturidade de Brecht (e mesmo antes) em maior ou menor medida, coloca-se a si mesma nesse confronto radical com o tempo e põe a questão de sua própria atualidade. Ele mesmo o sabia, e o deixa muito evidente, por exemplo, ao recomendar, desaconselhar ou até interditar suas peças em determinadas conjunturas políticas. Todo diretor de teatro que o filistinismo tenha poupado faz a mesma operação, ao decidir encenar uma peça de Brecht e como fazê-lo.

A obra de Brecht é um dos raríssimos exemplos de autorreferencialidade poética que não se esgota na obra mesma. Quando, mesmo em uma peça potencialmente "de sucesso", como é o caso de *A vida de Galileu*, Brecht julgava não ter obtido suficiente suspensão ou dialetização dos efeitos identificatórios, declarava-se diante de uma "grave regressão técnica". Em contraposição às *continuidades* de *Galileu*, ele almejava a exploração formal eficaz do fragmento, e este é um dos limites menos conhecidos de seu trabalho: "aquilo que imagino, do ponto de vista formal, é um fragmento em grandes blocos brutos"[4].

---

[4] A anotação sobre *Galileu* encontra-se no *Diário de trabalho**, de Brecht, na entrada de 25 de fevereiro de 1939. É nessa mesma anotação que ele registra o célebre comentário de que, para reescrever o *Galileu*, precisaria estudar previamente os fragmentos de *Fatzer* e de *A padaria*: "esses dois fragmentos são do mais alto nível técnico". A anotação referente ao fragmento como forma encontra-se também no *Diário de trabalho*, entrada de 11 de julho de 1951.

[*] Bertolt Brecht, *Arbeitsjournal*: 1938-1955 (Frankfurt am Main, Suhrkamp, 1993), 2 v. Em português, foram publicados os textos até 1947. Ver Bibliografia recomendada, p. 147 deste volume. (N. E.)

A radicalidade autocrítica de Brecht é um dos aspectos de sua obra que menos têm chance de ser reconhecidos e valorizados no Brasil, em particular por dois vícios locais – um, mais novo, outro, nem tanto: a moda da "metalinguagem" e o vezo de sideração do receptor (leitor, espectador etc.), que passam, na terra, por signos distintivos da grande arte. Aqui, a metalinguagem cristalizou-se rasamente como pura autorreferencialidade narcísica, e faz o estrago que se sabe na literatura das últimas décadas; complementarmente, talvez em nenhuma outra literatura se tenham cultivado tão intensa e inconscientemente as formas do rapto, da sedução, do envultamento e da possessão do leitor quanto na nossa – o que dá testemunho de um pânico insuperável da alteridade, incapacidade de sustentar a liberdade do outro, base equívoca tanto das suspeitas doçuras quanto do entranhado fascismo nacional. O ensimesmamento da obra brasileira – transparente em sua renitente indecisão formal – tem como corolário a sideração do leitor/espectador/receptor, absorvido ele mesmo nesse mundo infuso e esquisitamente metafísico. Um escritor como Brecht, que recusa minuciosamente a possessão do receptor e faz da liberdade deste critério de excelência, é, de certo modo, incompreensível para tal mentalidade.

Alguns fatos são, disso, sintomáticos: costuma-se reconhecer que o Brecht que predomina nos palcos brasileiros é o Brecht "apocalíptico", das primeiras peças, e muito raramente se extrai destas o que têm de melhor; as peças da maturidade, quando encenadas, com frequência têm seu caráter racionalista "revisto", isto é, esvaziado, quando não invertido. Assim, também, transposições da teoria brechtiana na dramaturgia nacional não raramente se processaram mediante um alegre desarmamento de seus dispositivos críticos, anti-identificatórios, provedores de descontinuidade.

Brecht dizia "não suportar senão a contradição"[5]. Esta se transforma, nele, em elemento fundamental do *gosto*. Assim, também esse movimento, pelo qual sua obra se questiona e se põe radicalmente em causa, não vai sem contradição. No polo oposto, ela desenvolve igualmente dispositivos visando a sua reposição, integridade e duração. São vários esses mecanismos, e em outra parte tratei de estudá-los: a formação de repertório "completo" (isto é, que desse conta das diferentes conjunturas que o capital põe e repõe); a retomada crítica do classicismo alemão; a "transformação de função" de peças fundamentais da dramaturgia mundial; a integração firme de teoria e prática; a constituição de

---

[5] Ver nota autobiográfica de 1938 em *Journaux (1920-1922)/Notes autobiographiques (1920--1954)* (Paris, L'Arche, 1978), p. 188.

modelos – reprodutíveis e modificáveis –; a escrita que programa sua traduzibilidade e internacionalização etc. Esse movimento amplo e complexo, de polaridade dupla, pode, no entanto, ser visto imediatamente no próprio efeito V, que guarda ambas as virtualidades – o autoquestionamento e a perspectiva "clássica", voltada para a duração.

No exílio da Finlândia, em 1941, Brecht escreveu em seu diário de trabalho:

> Querer conferir às obras uma longa duração, esforço simplesmente "natural", de início, torna-se mais sério quando o escritor crê fundada a hipótese pessimista de que suas ideias (isto é, aquelas que ele defende) poderiam levar muito tempo para se impor. As medidas que se tomem nesse sentido, aliás, não devem em nada prejudicar o efeito atual de uma obra. As indispensáveis pinturas épicas do que é "evidente" para a época em que se escreve não constituem preciosos efeitos V senão para essa própria época. A autarquia conceitual das obras comporta um momento de crítica: o escritor analisa a natureza transitória dos conceitos e das observações de seu próprio tempo.[6]

Nesse fragmento pode-se ver a concepção do distanciamento brechtiano em boa parte de sua extensão: tem fundamento "pessimista" quanto à evolução do capitalismo; produz os dois impulsos antagônicos – o de projetar-se no futuro e o de exigir efeito imediato; comporta um elemento de perecibilidade reconhecida e ponderada e outro de permanência; e, fundamentalmente, *distancia a época* e *se distancia da época*. Assim, o distanciamento tanto é, em Brecht, crítica do presente imediato quanto vetor "classicizante" de sua obra – traço este, aliás, identificado antes de todos, salvo erro, por Walter Benjamin, que nos anos 1930 assim comentava a prática brechtiana da distância: "A distância sempre tinha sido aquela que a posteridade usou para chamar um autor de clássico"[7]. O conjunto mesmo dos extraordinários ensaios benjaminianos sobre Brecht poderia ser lido, inclusive, como uma análise do sentido, da extensão e do alcance do distanciamento na obra brechtiana, servindo de antídoto e de advertência quanto a sua interpretação redutora.

A nota brechtiana anteriormente reproduzida aponta, ainda, para o peculiar estatuto que tem a noção, tornada sacrossanta, de obra de arte autônoma em seu trabalho. Esse caráter "autárquico" da obra não é suprimido nem ignorado, mas tampouco se *absolutiza*. Ele não é, em Brecht, a obra mesma – não se confunde com ela, não constitui seu fundamento ou modo de ser, mas uma *instância* da

---

[6] Ver *Diário de trabalho*, cit., entrada de 24 de abril de 1941.
[7] Ver Walter Benjamin, "*Romance dos três vinténs*, de Brecht", p. 84 deste volume.

obra, um momento dela, uma de suas dimensões ou recursos que não há por que sacralizar, nem por que, sem mais, abominar. Pode-se conservá-lo e dinamizá-lo, na medida em que, em cada situação particular, guarde valor crítico diante da alienação e da heteronomia generalizadas. Não é, porém, princípio inamovível, prioridade ou finalidade última e, antes dele, passam outros desígnios. Ainda uma vez, foi Walter Benjamin o primeiro a anotá-lo, em 1930, em conferência no rádio, na qual, citando Brecht, declara que o trabalho brechtiano corporificado nos *Versuche*, que então se iniciava, "ocorre num momento em que certos trabalhos não mais deverão ser experiências tão exclusivamente individuais (ter caráter de obra), mas visam antes de mais nada à utilização (transformação) de determinados institutos e instituições"[8*]. Adiante, acrescentará, referindo-se a um dos procedimentos brechtianos de distanciamento (a saber, o de tornar *citável* o *gestus* social transposto nas peças, que, gesto ou palavra, é preciso interpretar e compreender): "Em primeiro lugar, vem seu efeito pedagógico; em segundo, o político; e, por último, o poético"[9]. É perfeitamente herético em relação ao que professava o *establishment* literário e, inclusive, os ditos frankfurtianos, que não por acaso tiveram Brecht como desafeto e trouxeram Benjamin na ponta da corda.

Todavia, não escapava a Brecht nem a Benjamin que a referida dialetização do estatuto da autonomia (burguesa?) da obra de arte fazia, em parte, a força dos novos empreendimentos literários, mas também respondia pelo aumento de sua vulnerabilidade. De fato, não se questiona da mesma maneira a dita "atualidade" das obras que se põem como "autônomas" e a dos trabalhos listados sob a rubrica (infamante?) do "*engagement*". Pretendendo ter em si mesmas o seu próprio fundamento, as "obras autônomas" como que se subtraem, ou querem fazê-lo, ao escrutínio de sua vigência crítica e alcance transformador. Não é problema delas, em princípio. Olham o tempo com olhar esfíngico e fatal. É assim, em geral, que as acolhe a crítica – embalada, aliás, no mesmo berço –, a qual, mesmo quando lhes verifica a data, detém-se diante de seu fechamento augusto, intangível. É apenas aos trabalhos que, embora manejem no seu âmbito a instância da autonomia, põem seu parâmetro último no mundo e, mais precisamente, em sua transformação que se reserva a severa arguição

---

[8] Idem, "Bert Brecht", em *Documentos de cultura/Documentos de barbárie (ensaios escolhidos)* (São Paulo, Cultrix-Edusp, 1986).

[*] Formulação semelhante aparece em "Trecho de 'Comentário sobre Brecht'", p. 33 deste volume. (N. E.)

[9] Ibidem [ver também p. 34 deste volume].

de atualidade. Isso muito os honra: empenhados, históricos, mortais, eles conhecem desde dentro e a fundo sua própria vulnerabilidade e, tácita ou abertamente, parecem dizer que a transformação da autonomia da obra artística em *ultima ratio* contra a universal alienação releva antes de tudo do impedimento objetivo (de classe?) de passar ao outro campo – o dos explorados do capital.

Brecht é ainda hoje o autor alemão mais encenado em todo o mundo e, justamente no refluxo do movimento de esquerda dos últimos anos, ficou mais visível em que medida seu legado se tornou um elemento permanente da cultura europeia e ocidental. Porém, sua obra mesma, como se procurou dizer aqui, obriga a enxergar que essa permanência não é neutra, mas condicionada por ela própria a sua eficácia crítica, de teor anticapitalista. A própria obra de Brecht exige que se verifique, a cada apreensão que dela se faça, o que se encontra apagado ou suspenso em seu trabalho. No próprio campo brechtiano, como é de rigor, pergunta-se se justamente o efeito V não perdeu sua eficácia, apropriado que teria sido pelas linguagens do mercado, a publicidade em particular. Em alguma medida e sob certos aspectos, é possível que sim. Porém, o distanciamento, como se procurou indicar, não se reduz à evidenciação das fontes de luz do espetáculo nem à máscara que se aponta com o próprio dedo, por exemplo. Tampouco, acredito, o capitalismo se abriu em flor, revelando, na mais límpida transparência, os seus funcionamentos, doravante franqueados à percepção de todos, de modo a tornar supérfluo tratar de entender suas manhas teológicas e sutilezas metafísicas. Ao contrário, salvo engano, ele continua ao mesmo tempo cambiante e sempre igual a si mesmo, e oferece cada vez mais suas faces opacas a uma inumerável maioria, que o vê, estarrecida, circular sobre as cabeças de todos como ente reflexionante e fantasmagórico.

Elementos de caráter anti-ilusionista, da ordem dos anteriormente mencionados (que, aliás, já existiam no teatro antigo e medieval, no teatro oriental, nas cenas populares de rua e de praça pública etc.), aparecem integrados, na prática cênica brechtiana, a todo um conjunto de elementos, que oferece, em sua complexão nada banal, ainda a ser adequadamente descrita, da qual pode fazer parte a própria autonomia artística reconfigurada, um outro regime de produção de sentido que contrasta vivamente a alienação da percepção e expõe a consciência à experiência radical e múltipla de outra coisa que não ela. Essa via, que sob certos aspectos atende pelo nome anatematizado de dialética e desafia a acusação de rendição à heteronomia, é a que dá acesso ao real e, ao fazê-lo, faz também que se *desprenda* dele – utopia sem utopismo, utopia sem imagens utópicas, utopia como produção – o "modelo" de um mundo outro, que a prática desalienada da significação torna concreto e sensível, presente, ali, onde o teatro consegue às vezes ser presença e presente.

"Loggien" [*loggie*], crônica escrita por Walter Benjamin sob o pseudônimo Detlev Holz na seção de entretenimento do *Vossischen Zeitung*, em agosto de 1933.

Cronologia*

	Bertolt Brecht	**Walter Benjamin**
1892		Nasce no dia 15 de julho em Berlim, capital da Alemanha.
1898	Nasce no dia 14 de fevereiro em Augsburgo, na Bavária, Alemanha.	
1905		Frequenta, até 1906, o internato Haubinda, orientado pelas ideias da Escola Livre. Torna-se pupilo do pedagogo Gustav Wyneken.
1908	Ingressa na escola secundária (*Realschule*).	
1910		Primeiras publicações, na revista estudantil *Der Anfang*.
1912		Ingressa no curso de filosofia da Universidade Albert-Ludwig, em Friburgo. Inicia amizade com o poeta Christoph Friedrich Heinle. Viaja à Itália. Primeiro contato com o sionismo. Continua estudos em Berlim, na Universidade Friedrich Wilhelm.
1913		Primeira viagem a Paris. Além das publicações na revista *Der Anfang*, participa no I Congresso da Juventude Livre Alemã. Estuda em Berlim até 1915.
1914	Primeira publicação de seus trabalhos, no jornal da escola e no suplemento literário de um periódico local: poemas, artigos e um drama intitulado *A Bíblia*.	Logo que a Primeira Guerra Mundial inicia, Heinle se suicida. Benjamin escreve os ensaios "Dois poemas de Friedrich Hölderlin" (publicado apenas em 1955) e "A vida dos estudantes". É eleito presidente do Grupo Livre de Estudantes de Berlim. Conhece Dora Sophie Kellner (então Pollak)

---

* As obras destacadas em negrito são abordadas neste volume.

	Bertolt Brecht	**Walter Benjamin**
1915		Rompe com Wyneken. Aproxima-se de Gerhard (Gershom) Scholem, Werner Kraft, Felix Noeggerath e Erich Gutkind. Estuda em Munique.
1916		Conhece Rainer Maria Rilke. Escreve o ensaio "Sobre a linguagem em geral e sobre a linguagem do homem", publicado postumamente.
1917	Ingressa no curso de medicina da Universidade Ludwig-Maximilian, em Munique.	Casa-se com Dora Sophie Kellner. Continua seus estudos em Berna, Suíça.
1918	Presta serviço militar como enfermeiro em um hospital de Augsburgo; escreve sua primeira peça, *Baal*.	No dia 11 de abril, nasce seu único filho, Stefan Rafael. Aproxima-se de Ernst Bloch.
1919	Filia-se ao Partido Social-Democrata Independente da Alemanha. Nasce seu primeiro filho, Frank, com Paula Benholzer. Publica críticas de teatro no jornal socialista *Volkswillen*. Escreve *Tambores na noite*.	Conclui doutorado, orientado por Richard Herbertz, com a tese *O conceito de crítica de arte no romantismo alemão*.
1920	Nomeado conselheiro-chefe de seleção de peças no Kammerspiele de Munique. Morre sua mãe. Viagem a Berlim.	Retorna a Berlim.
1921	Nova viagem a Berlim.	Escreve "Para uma crítica da violência" e um tratado sobre *As afinidades eletivas*, de Goethe. Trabalha em seu periódico *Angelus Novus*, nunca publicado.
1922	Casa-se com a cantora de ópera e atriz Marianne Zoff. Estreia, em Munique, de *Tambores na noite*, pela qual recebe o Prêmio Kleist.	Aproxima-se de Florens Christian Rang.
1923	Nasce sua filha Hanne Hiob (que se tornaria atriz). Estreia das peças *Na selva das cidades*, em Berlim, e *Baal*, em Leipzig. Integra lista de pessoas a serem detidas elaborada por Hitler e os demais organizadores do fracassado *Putsch* de Munique.	Amizade com Kracauer e Adorno. São publicados sua tradução de "Tableaux parisiens" (seção de *As flores do mal*, de Baudelaire) e seu ensaio "A tarefa do tradutor". Scholem emigra para a Palestina. Começa a escrever *A origem do drama barroco alemão*.
1924	Muda-se para Berlim e torna-se consultor do teatro Max Reinhardt Deutches (até 1926). Nasce seu filho Stefan, com a atriz Helene Weigel. Primeiro encontro com Walter Benjamin, por intermédio de Asja Lācis, sem muito entusiasmo.	Primeira seção de "*As afinidades eletivas* de Goethe" é publicada na revista de Hugo von Hofmannsthal, *Neue Deutsche Beiträge* (a segunda sai em 1925). Passa meses em Capri, onde recebe Bloch. Encontra Asja Lācis, que desperta seu interesse pelo marxismo; juntos, escrevem o ensaio de viagem "Nápoles". Ela o apresenta a Brecht.

	Bertolt Brecht	**Walter Benjamin**
1925	Trabalha na criação e montagem da peça *Um homem é um homem*. Amizade com o pintor George Grosz.	Desiste de obter a *Habilitation* na Universidade de Frankfurt am Main. Primeiras publicações no *Frankfurter Zeitung* e no *Literarische Welt*. Viagens a Espanha, Itália, Lituânia e Rússia (onde permanece até janeiro de 1926).
1926	*Um homem é um homem* estreia em Darmstadt e Düsseldorf. Lê *O capital*, de Marx. Começa a escrever *O declínio do egoísta Fatzer*, obra nunca concluída.	Registra anotações na Rússia, publicadas postumamente como *Diário de Moscou*.
1927	Brecht e Marianne Zoff se divorciam. Publica primeiro volume de poesias, *Breviário doméstico*. Termina de escrever *Guia para o habitante das cidades*. Inicia colaboração com o compositor Kurt Weill.	Estreia no rádio com conversa sobre poetas russos. Passa seis meses em Paris e começa a trabalhar nas *Passagens*. Primeiro volume de Proust traduzido por ele e Franz Hessel (*À sombra das moças em flor*). Experimenta drogas.
1928	*A ópera dos três vinténs* estreia com sucesso no Theater am Schiffbauerdamm, em Berlim. Lê *Ulisses*, de Joyce.	Publicação de *Via de mão única* e *A origem do drama barroco alemão* e dos ensaios "Brinquedos velhos" e "Haxixe em Marselha" (no *Frankfurter Zeitung*).
1929	Casa-se com Helene Weigel. *O voo de Lindbergh* estreia, primeiro em versão radiofônica, na Südwestdeutscher Rundfunk (Frankfurt am Main), e depois no teatro, em Berlim. *Happy End* estreia em Berlim. Aproxima-se de Benjamin.	Aproxima-se de Brecht. Por influência dele, trabalha com as rádios Südwestdeutscher Rundfunk (Frankfurt am Main) e Funkstunde (Berlim). "Surrealismo: o último instantâneo da inteligência europeia" é publicado no *Die Literarische Welt*.
1930	Nasce sua filha com Weigel, Barbara. Tumulto na estreia de *Ascensão e queda da cidade de Mahagonny* em Leipzig. Estreia de *A decisão* e *Aquele que diz sim, aquele que diz não*, em Berlim; e *A Santa Joana dos matadouros*, em Hamburgo. Publicadas as primeiras *Histórias do sr. Kreuner*, em volume da série *Versuche* que também inclui *O voo de Lindbergh* e um fragmento de *Fatzer*.	Divorcia-se de Dora Sophie Kellner. Viaja à Noruega. Publicação de sua segunda tradução de Proust com Hessel (*O caminho de Guermantes*), do ensaio "Teorias sobre o fascismo alemão" e de trecho de **"Comentário sobre Brecht"** – este último, baseado em conversa radiofônica na Südwestdeutscher Rundfunk intitulada "Bert Brecht". Com Brecht, planeja criar a revista *Krisis und Kritik*.
1931	Férias no sul da França. Benjamin lhe mostra contos de Kafka.	Publicação dos ensaios "A politização da inteligência", "A crise do romance", "Melancolia de esquerda" (todos em *Die Heseltschaft*), "Pequena história da fotografia" (em *Die Literarische Welt*) e "O caráter destrutivo" (no *Frankfurter Zeitung*).

	Bertolt Brecht	**Walter Benjamin**
1932	Viagem a Moscou, onde estreia o filme *Kuhle Wampe*, por ele roteirizado. A obra é banida na Alemanha. Estreia de *A mãe* em Berlim. De novembro a fevereiro de 1933, frequenta palestras de Karl Korsch com Elisabeth Hauptmann, Alfred Döblin e outros, que se reúnem com ele para discutir Hegel, Marx e Lênin.	Primeira estadia em Ibiza. Trabalha em "Crônica de Berlim" e "Uma infância berlinense em torno de 1900". **"Um drama familiar no teatro épico"** é publicado em *Die Literarische Welt*. Faz suas últimas conversas radiofônicas para o Funkstunde. Adorno realiza seminário em Frankfurt sobre *A origem do drama barroco alemão*.
1933	Com a ascensão de Hitler, instala-se na Dinamarca. Montagem em inglês de *A ópera dos três vinténs* estreia em Nova York, mas tem apenas 12 apresentações.	Várias publicações no *Vossische Zeitung*. Últimas conversas radiofônicas em Frankfurt. Com a ascensão de Hitler, parte da Alemanha. Segunda estadia em Ibiza, onde contrai malária. Exila-se em Paris.
1934	Escreve a Benjamin que seu "Sobre a posição social atual do escritor francês" é "realmente excelente" e o convida para uma temporada em Svendborg. Começa a escrever os poemas que comporiam ***Estudos*** e ***Poemas de Svendborg***. Viaja a Londres. ***Romance dos três vinténs*** é publicado na Holanda.	Torna-se colaborador do Instituto para a Pesquisa Social. Sua primeira publicação no *Zeitschrift für Sozialforschung* é "Sobre a posição social atual do escritor francês". Visita Brecht na Dinamarca. Seu texto **"Franz Kafka"** é publicado no *Jüdische Rundschau*. Visita a ex-esposa Dora em San Remo (volta em 1935). Escreve **"O autor como produtor"**.
1935	Perde a cidadania alemã.	Última publicação no *Frankfurter Zeitung*.
1936	Recebe visita de Karl Korsch. Torna-se coeditor da revista *Das Wort*, de Moscou.	Visita Brecht novamente. O ensaio "A obra de arte na era da reprodutibilidade técnica" tem tradução francesa na *Zeitschrift für Sozialforschung*. Sob o pseudônimo Detlef Holz, publica a coleção de cartas *Deutsche Menschen* [Povo alemão], em Lucerna. A *Das Wort* publica sua primeira "Carta de Paris".
1937	Escreve a peça ***Os fuzis da sra. Carrar***, que estreia em Paris no mesmo ano.	Escreve "Eduard Fuchs, colecionador e historiador". Torna-se correspondente literário em Paris para o *Zeitschrift*.
1938	***Terror e miséria do Terceiro Reich*** estreia em Paris. Escreve a primeira versão de *A vida de Galileu*. Última visita de Benjamin.	Última visita a Brecht. Recebe dura crítica de Adorno, que recusa a publicação de "A Paris do Segundo Império em Baudelaire". Publica **"O país em que o proletariado não pode ser mencionado"**.

Bertolt Brecht

1939 *Poemas de Svendborg* é publicado, com textos escritos principalmente entre 1934 e 1938. Vai à Suécia. Planeja exilar-se nos Estados Unidos.

1940

1941 Muda-se para Santa Monica, nos Estados Unidos. Lê "Sobre o conceito de história" e considera que pode ter se inspirado em seu *Os negócios do senhor Júlio César*. Tempos depois, escreve os poemas "Lista de perdas"; "Onde está Walter Benjamin, o crítico?"; "A Walter Benjamin, que se suicidou fugindo de Hitler" e "Sobre o suicídio do fugitivo W. B.". Em conversa com Adorno, considera Benjamin "seu melhor crítico". Estreia de *Mãe coragem e seus filhos* na Suíça.

1943 *A alma boa de Setsuan* e *A vida de Galileu* estreiam em Zurique, Suíça.

1944 Integra o Conselho por uma Alemanha Democrática. Nasce seu filho com Ruth Berlau, mas o bebê não sobrevive.

1946 Adaptação de Brecht de *A tragédia da Duquesa de Malfi* estreia em Boston.

1947 Em depoimento ao Comitê de Atividades Antiamericanas, afirma não ser membro do Partido Comunista. No mesmo dia, deixa os Estados Unidos.

1948 Retorna à Alemanha. *O senhor Puntila e o seu criado Matti* e como sua adaptação para *Antígona* estreiam na Suíça. Publica *Pequeno órganon para o teatro*.

1949 Com Helene Weigel, funda a companhia Berliner Ensemble.

1954 Recebe o Prêmio Stálin da Paz (depois Prêmio Lênin da Paz).

1956 Morre, aos 58 anos, no dia 14 de agosto.

Walter Benjamin

Com a eclosão da Segunda Guerra Mundial, os alemães em Paris são internados em um estádio. De lá, Benjamin é enviado a um campo de trabalho perto de Nièvre. Liberto em novembro, volta a Paris. Publicada segunda versão de **"O que é o teatro épico"**.

"Sobre alguns temas em Baudelaire" é publicado na *Zeitschrift für Sozialforschung*. Escreve as teses "Sobre o conceito de história". Com a invasão da França pela Alemanha, foge para Port Bou, na Espanha, mas é impedido de prosseguir. Toma uma dose letal de morfina em 27 de setembro.

Carteirinha de Walter Benjamin na Biblioteca Nacional da França, em Paris. 1940.

Bibliografia recomendada

Obras literárias e para teatro de Brecht

BRECHT, Bertolt. *Gesammelte Werke*. Frankfurt am Main, Suhrkamp, 1967. 20 v.

_____. *Teatro completo*. Organização de Christine Röhrig. Vários tradutores. Rio de Janeiro, Paz e Terra, 1987. 12 v.

_____. *Poemas*: 1913-1956. Tradução e organização de Paulo César de Souza. São Paulo, Editora 34, 2000.

_____. *Histórias do sr. Keuner*. Tradução de Paulo César de Souza. São Paulo, Editora 34, 2006.

Obras teóricas e diários de Brecht

BRECHT, Bertolt. *Escritos sobre teatro*: para uma arte dramática não aristotélica. Lisboa, Portugália, 1964.

_____. *Teatro dialético*. Organização de Luiz Carlos Maciel. Rio de Janeiro, Civilização Brasileira, 1967.

_____. *Schriften zum Theater*. Frankfurt am Main, Suhrkamp, 1974.

_____. *Arbeitsjournal 1938-1955*. Frankfurt am Main, Suhrkamp, 1993. 2 v.

_____. *Diários de Brecht*: diários de 1920 a 1922; anotações autobiográficas de 1920 a 1954. Tradução de Reinaldo Guarany. Porto Alegre, L&PM, 1995.

_____. *Diário de trabalho*: 1938-1941. Tradução de Reinaldo Guarany e José Laurenio de Melo. Rio de Janeiro, Rocco, 2002.

_____. *Diário de trabalho*: 1941-1947. Tradução de Reinaldo Guarany e José Laurenio de Melo. Rio de Janeiro, Rocco, 2005.

_____. *Estudos sobre teatro*. Tradução de Fiama Pais Brandão. Rio de Janeiro, Nova Fronteira, 2005.

_____. *O processo do filme* A ópera dos três vinténs: uma experiência sociológica. Tradução de João Barrento. Porto, Campo das Letras, 2005.

Brecht e Benjamin: estudos sobre vida e obra

CHIARINI, Paolo. *Bertolt Brecht*. Rio de Janeiro, Civilização Brasileira, 1967.

EILAND, Howard; JENNINGS, Michael W. *Walter Benjamin*: A Critical Life. Cambridge, MA, Harvard University Press, 2014

ESSLIN, Martin. *Brecht, Das Paradox des politischen Dichters*. Frankfurt am Main, Athenaeum, 1962.

JAMESON, Fredric. *Brecht e a questão do método*. Tradução de Maria Sílvia Betti. São Paulo, Cosac Naify, 2013.

MARX, Ursula; SCHWARZ, Gudrun; WIZISLA, Erdmut (orgs.). *Walter-Benjamin-Archiv*. Frankfurt am Main, Suhrkamp, 2004.

PARKER, Stephen. *Bertolt Brecht*: A Literary Life. Londres, Bloomsbury, 2014.

WEKWERTH, Manfred. *Brecht? Berichte, Erfahrungen, Polemik*. Munique, Carl Hanser, 1976.

WILLETT, John. *O teatro de Brecht*. Tradução de Álvaro Cabral. Rio de Janeiro, Zahar, 1967.

WITTE, Bernd. *Walter Benjamin*: uma biografia. Tradução de Romero Freitas. Belo Horizonte: Autêntica, 2017.

WIZILA, Erdmut. *Benjamin e Brecht*: história de uma amizade. Tradução de Rogério Silva Assis. São Paulo, Edusp, 2013.

Estudos brasileiros sobre Brecht

BADER, Wolfgang (org.). *Brecht no Brasil*. São Paulo, Paz e Terra, 1987.

BORNHEIM, Gerd. *Brecht*: a estética do teatro. Rio de Janeiro, Graal, 1992

CARVALHO, Sérgio de. "Brecht e a dialética". Em ALMEIDA, Jorge de; BADER, Wolfgang (orgs.). *Pensamento alemão no século XX*: grandes protagonistas e recepção das obras no Brasil, v. 3. São Paulo, Cosac Naify, 2013.

KONDER, Leandro. *A poesia de Brecht e a história*. Rio de Janeiro, Zahar, 1996.

PASTA JR., José Antonio. *Trabalho de Brecht*: breve introdução ao estudo de uma classicidade contemporânea. São Paulo, Ed. 34, 2010.

PEIXOTO, Fernando. *Brecht, vida e obra*. Rio de Janeiro, Paz e Terra, 1979.

_____. *Brecht*: uma introdução ao teatro dialético. Rio de Janeiro, Paz e Terra, 1981.

ROSENFELD, Anatol. *O teatro épico*. São Paulo, São Paulo Editora, 1965.

SCHWARZ, Roberto. "Altos e baixos da atualidade de Brecht". Em _____. *Sequências brasileiras*: ensaios. São Paulo, Companhia das Letras, 1999.

Repercussões de Brecht e do teatro épico no Brasil

CARVALHO, Sérgio de (org.). *Introdução ao teatro dialético*: experimentos da Companhia do Latão. São Paulo, Expressão Popular, 2009.

COSTA, Iná Camargo. *Sinta o drama*. Petrópolis, Vozes, 1998.

_____. *Nem uma lágrima*: teatro épico em perspectiva dialética. São Paulo, Expressão Popular/Nankin, 2012.

SCHWARZ, Roberto. "Cultura e política 1964-1969". Em *O pai de família e outros ensaios*. Rio de Janeiro, Paz e Terra, 1978.

_____. *Que horas são?* São Paulo, Companhia das Letras, 1987.

Outras obras da coleção Marxismo e Literatura de ou sobre Benjamin

BENJAMIN, Walter. *O capitalismo como religião*. Tradução de Nélio Schneider. São Paulo, Boitempo, 2013.

LÖWY, Michael. *Walter Benjamin*: aviso de incêndio. Uma leitura das teses "Sobre o conceito de história". Tradução de Wanda Nogueira Caldeira Brant. São Paulo, Boitempo, 2005.

Bertolt Brecht e Helene Weigel participam de comemoração do 1º de maio na então Marx-Engels--Platz (atual Schlossplatz), em frente à sede do Berliner Ensemble em Berlim, 1954.

marxismo e literatura

Coordenação
Michael Löwy

As artes da palavra
Leandro Konder
Orelha de **Celso Frederico**

O capitalismo como religião
Walter Benjamin
Organização de **Michael Löwy**
Tradução de **Nélio Schneider**
e **Renato Pompeu**
Orelha de **Maria Rita Kehl**
Quarta capa de **Jeanne Marie Gagnebin**

A cidade das letras
Ángel Rama
Tradução de **Emir Sader**
Apresentação de **Mario Vargas Llosa**
Prólogo de **Hugo Achugar**
Orelha de **Flávio Aguiar**

Defesa do marxismo
José Carlos Mariátegui
Tradução, organização e notas de
Yuri Martins Fontes
Orelha de **Carlos Nelson Coutinho**

Do sonho às coisas
José Carlos Mariátegui
Tradução, organização e notas de
Luiz Bernardo Pericás

Em torno de Marx
Leandro Konder
Orelha de **Ricardo Antunes**

A estrela da manhã
Michael Löwy
Tradução de **Eliana Aguiar**
Apresentação de **Leandro Konder**
Apêndice de **Sergio Lima**
Orelha de **Alex Januário**

Os irredutíveis
Daniel Bensaïd
Tradução de **Wanda Caldeira Brant**
Orelha de **Michael Löwy**

Lucien Goldmann
Michael Löwy e Sami Naïr
Tradução de **Wanda Caldeira Brant**
Orelha de **Celso Frederico**

Marx, manual de instruções
Daniel Bensaïd
Tradução de **Nair Fonseca**
Ilustrações de **Charb**

Profanações
Giorgio Agamben
Tradução e apresentação de
Selvino J. Assmann
Orelha de **Olgária Matos**

Revolta e melancolia
Michael Löwy e Robert Sayre
Tradução de **Nair Fonseca**
Orelha de **Marcelo Ridenti**

Sobre o amor
Leandro Konder
Orelha de **Flávio Aguiar**

Walter Benjamin: aviso de incêndio
Michael Löwy
Tradução de **Wanda Caldeira Brant**

Publicado em julho de 2017, mês em que se completam 125 anos do nascimento de Walter Benjamin, este livro foi composto em Adobe Garamond Pro, 11/14, e reimpresso em papel Chambril Avena 80 g/m² pela gráfica Forma Certa, para a Boitempo, em outubro de 2024, com tiragem de 300 exemplares.